HUBERTUS VON MORR

Der Bestand der deutschen Staatsangehörigkeit nach dem Grundvertrag

Schriften zum Öffentlichen Recht

Band 330

Der Bestand der deutschen Staatsangehörigkeit nach dem Grundvertrag

Von

Dr. Hubertus von Morr

DUNCKER & HUMBLOT / BERLIN

Gedruckt 1977 bei Buchdruckerei Bruno Luck, Berlin 65
Printed in Germany
ISBN 3 428 04022 8

Vorwort

Zu der vorliegenden Arbeit, die im Herbst 1976 der Rechts- und Staatswissenschaftlichen Fakultät der Universität Bonn als Dissertation vorgelegen hat, bin ich durch Professor Dr. *Karl Josef Partsch* angeregt worden. Ihm danke ich herzlich für wertvolle Hinweise und Vertiefungen, für seine förderliche Kritik wie für die Möglichkeit, die Lösungsvorschläge in seinem Doktorandenkreis diskutieren zu lassen.

Herrn Professor Dr. *J. Broermann* schulde ich Dank für die Aufnahme der Arbeit in diese Reihe.

Bonn, im Sommer 1977

Hubertus von Morr

Inhaltsverzeichnis

Abkürzungsverzeichnis

AJIL	=	American Journal of International Law
AöR	=	Archiv des öffentlichen Rechts
BayVerwBl	=	Bayerische Verwaltungsblätter
Bericht	=	Bericht über die gemeinsame Sitzung des Rechts- und Verfassungsausschusses des Königsteiner Kreises am 12. und 13. Januar 1968 in Frankfurt/M.
BGBl	=	Bundesgesetzblatt
BlnVerf	=	Berliner Verfassung
BVerfG	=	Bundesverfassungsgericht
BVerfGE	=	Entscheidungen des Bundesverfassungsgerichts
BYIL	=	British Yearbook of International Law
C.I.J.	=	Cour Internationale de Justice
C.P.J.I.	=	Cour Permanente de Justice Internationale
DDRVerf	=	Verfassung der Deutschen Demokratischen Republik
Drs.	=	Drucksache
DÖV	=	Die Öffentliche Verwaltung
DVBl	=	Deutsches Verwaltungsblatt
EA	=	Europa-Archiv
FamRZ	=	Familienrechts-Zeitschrift
FAZ	=	Frankfurter Allgemeine Zeitung
GAOR	=	General Assembly Official Records
GBl(GesetzBl)	=	Gesetzblatt
GG	=	Grundgesetz der Bundesrepublik Deutschland
GS	=	Gesetzessammlung
GVBl	=	Gesetz- und Verordnungsblatt
ICLQ	=	International and Comparative Law Quarterly
IGH	=	Internationaler Gerichtshof
IRO	=	International Refugee Organization
JöR	=	Jahrbuch des öffentlichen Rechts
JZ	=	Juristenzeitung
Martens N.R.G.	=	Nouveau Recueil Général de Traités de G. Fr. de Martens
NJ	=	Neue Justiz
NJW	=	Neue Juristische Wochenschrift
ReichsVerf 1871	=	Verfassung des Deutschen Reiches vom 16. 4. 1871
RdC	=	Recueil des Cours
RGBl	=	Reichsgesetzblatt
R.I.A.A.	=	Report of International Arbitral Awards
RMinBl	=	Reichsministerialblatt
ROW	=	Recht in Ost und West
RuStAG	=	Reichs- und Staatsangehörigkeitsgesetz vom 22. Juli 1913
RuStAÄndG	=	Reichs- und Staatsangehörigkeitsänderungsgesetz

Sammlung	= Sammlung geltender Staatsangehörigkeitsgesetze (Band und Nr.)
SdN	= Société des Nations
StA	= Staatsangehörigkeit
StAng	= Staatsangehöriger
StAngÄndG	= Staatsangehörigkeitsänderungsgesetz
StBG	= Staatsbürgerschaftsgesetz
StuR	= Staat und Recht
Symposion	= Ostverträge-Berlin Status-Münchener Abkommen. Beziehungen zwischen der BRD und der DDR. Vorträge und Diskussionen eines Symposions von März 1971 in Kiel
UNRRA	= United Nations Relief and Rehabilitation Administration
UNTS	= United Nations Treaty Series
VOBl	= Verordnungsblatt
VVDStRL	= Veröffentlichungen der Vereinigung Deutscher Staatsrechtslehrer
WRV	= Weimarer Reichsverfassung
ZaöRV	= Zeitschrift für ausländisches öffentliches Recht und Völkerrecht
ZentralBl	= Zentralblatt (DDR)
ZfP	= Zeitschrift für Politik
ZRP	= Zeitschrift für Rechtspolitik

Einleitung

Das Schicksal der deutschen Staatsangehörigkeit nach dem 2. Weltkrieg ist von der Literatur nicht sehr ausgiebig erörtert worden. Dies gilt vor allem für die Zeit nach dem Abschluß des Grundvertrages mit der DDR[1], durch den manche Rechtsposition überholt worden ist.

Neben den Abhandlungen, die sich mit den aus der Schaffung einer separaten DDR-Staatsbürgerschaft[2] erwachsenden Problemen beschäftigten[3], sind hier vor allem die jüngeren Darstellungen von Zieger[4] und Bauer[5] zu nennen. Das Urteil des Bundesverfassungsgerichts im Normenkontrollverfahren des Freistaates Bayern zur Verfassungsmäßigkeit des Grundvertrages vom 31. 7. 1973[6] ist im Hinblick auf die sich aus ihm für die deutsche Staatsangehörigkeit ergebenden Konsequenzen bislang recht wenig behandelt worden[7].

In Deutschland — Bundesrepublik und DDR — stehen sich zwei Staatsangehörigkeiten gegenüber. Nach Ansicht offizieller Stellen der Bundesrepublik Deutschland gibt es aber auch heute noch, dreißig Jahre nach Kriegsende, eine gemeinsame deutsche Staatsangehörigkeit — unbeschadet der Existenz zweier Staaten in Deutschland, die nunmehr beide von der Völkergemeinschaft anerkannt sind. Daraus erwachsen eine ganze Reihe von Problemen, wie sie jüngst auch der Öffentlichkeit z. B. durch den Abschluß von Konsularverträgen zwischen der DDR und Drittstaaten bekannt wurden[8].

---

1 BGBl 1973 II, S. 421.

2 Gesetz vom 20. Februar 1967 über die Staatsbürgerschaft der DDR (GBl I, S. 3).

3 Blumenwitz, Jahrbuch für Ostrecht 1967, S. 175; Waehler JZ 1968, S. 776; Wittmann, BayVerwBlätter 1967, S. 223; Schröder ROW 1967, S. 223; Bernhardt, Bericht.

4 Zieger, Das Staatsbürgerschaftsgesetz der DDR, ders., Die Staatsangehörigkeit im geteilten Deutschland, ders., Deutsche Staatsangehörigkeit heute.

5 Bauer, Die deutsche Staatsangehörigkeit in der Bundesrepublik Deutschland und der Deutschen Demokratischen Republik.

6 BVerfGE 36, 1 = NJW 1973, S. 1539 ff.

7 z. B. Rumpf, Die deutsche Staatsangehörigkeit nach dem Grundvertrag ZRP 1974, S. 201 mit einer Erwiderung von Bauer in ZRP 1975, S. 96; Thiessen, Deutsche Staatsangehörigkeit und „innerdeutsche" Grenze vor dem Hintergrund des veränderten Karlsruher Deutschlandmodells; v. Münch, Die deutsche Staatsangehörigkeit am Scheideweg?

8 Note der Regierung der DDR an die Bundesregierung v. 21. 1. 1975; (Neues Deutschland v. 7. 2. 1975) Antwort-Note der Bundesregierung an die DDR

Darf die Bundesrepublik die Bewohner der DDR überhaupt wie ihre eigenen Einwohner behandeln? Darf sie Deutsche mit dem Wohnsitz in der DDR durch ihre Vertretungen im Ausland schützen? Kann sie Einbürgerungen, die von den Behörden der DDR vorgenommen werden, anerkennen? Gelten solche, in der DDR eingebürgerte Personen, auch für die Bundesrepublik als Deutsche? Dies sind nur einige Fragen, die auf dem Gebiet der Staatsangehörigkeit entstanden sind. Unausgesprochen steht das Problem der deutschen Staatsangehörigkeit auch bei den Folgeverträgen zum Grundvertrag wie bei dem Verhältnis beider deutscher Staaten zueinander überhaupt im Raum.

Es soll versucht werden, diese Frage im folgenden zu beantworten, wobei zur Verdeutlichung der Problematik zunächst ein Überblick über die Entwicklung gegeben wird, die zu der jetzigen Lage geführt hat. Da eine Beantwortung der Frage ohne Kenntnis des Wesens der Staatsangehörigkeit nicht möglich ist, wird im Anschluß Begriff, Funktion und Gestaltung der Staatsangehörigkeit als rechtliche Erscheinung erläutert. Unter diesen Aspekten werden sodann die Lösungsvorschläge, die zur Frage der deutschen Staatsangehörigkeit gemacht worden sind, erörtert. Ihnen werden abschließend eigene Vorschläge gegenübergestellt.

---

v. 20. 2. 1975 (Bulletin des Presse- und Informationsamts der Bundesregierung 1975 Nr. 24/S. 233 v. 25. 2. 1975) auch abgedruckt im Deutschland-Archiv 1975, S. 330 ff.; vgl. Blumenwitz, Die deutsche Staatsangehörigkeit und die Konsularverträge der DDR mit Dritten Staaten.

A. Die staatsangehörigkeitsrechtliche Lage in Deutschland

I. Geschichtliche Entwicklung

1. Bis zum Ende des II. Weltkriegs

Die Grundlagen der modernen Staatsangehörigkeit (im folgenden: StA) wurden zu Beginn des 19. Jahrhunderts geschaffen. Im preußischen allgemeinen Landrecht war der Staatsuntertan noch unter den provinziellen, sozialen und ständischen Schichten verborgen, erst die Schaffung der Gewerbefreiheit, die Aufhebung des Gesindezwangs, die innerstaatliche Zoll- und Zugfreiheit brachte eine Mobilität mit sich, die unter anderem auch zu einheitlichen staatsbürgerlichen Grundlagen führte. Hinzu kamen die Mediatisierung zahlreicher Herrschaften nach dem Wiener Kongreß, die Bevölkerungsfluktuation der Unterschichten und die engere Verflechtung der internationalen Handels- und Wirtschaftsbeziehungen, die den Vormarsch des Staates in der Staatsangehörigkeitsfrage beschleunigten[1].

Die erste eingehende Regelung sta.-rechtlicher Fragen in einem speziellen Gesetz in Deutschland erfolgte 1842 in Preußen mit dem „Gesetz über die Erwerbung und den Verlust der Eigenschaft als preußischer Untertan sowie über den Eintritt in den fremden Staatsdienst“ vom 31. 12. 1842 (GS 1843, 15). Nach diesem Gesetz wurde in Preußen die Gemeindebürgerschaft durch die preußische Untertanenschaft vermittelt. Es war Beispiel für die gesetzliche Regelung der StA in zahlreichen nord- und mitteldeutschen Staaten[2]. Bemerkenswert ist der Titel des Gesetzes. Es kennt den Begriff „Staatsangehörigkeit“ noch nicht. Zwar war er vorher vereinzelt schon aufgetaucht (Nassau 1814, Bayern 1825, Kurhessen 1831, Altenburg 1831), jedoch stets neben dem des „Untertanen“ als ein Begriffspaar. Es lautete: „Untertanen und andere Angehörige.“

Erst bei den Wahlen zur Frankfurter Nationalversammlung wurde „Staatsangehörigkeit“ als ein auf das Recht aller Einzelstaaten übereinstimmend bezogener Rechtsbegriff verwendet. Der Bundesbeschluß vom 7. 4. 1848 ordnete an, daß jeder volljährige, selbständige Staats-

---

1 Die Geschichte des Staatsangehörigkeitsrechts ist jüngst sehr ausführlich in der Habilitationsschrift von Grawert dargestellt worden (Rolf Grawert: Staat und Staatsangehörigkeit).

2 Vgl. Makarov, Kommentar, Einl. S. 19.

angehörige (im folgenden: StAng) aktiv und passiv zur Wahl zugelassen sei[3].

Die Grundrechte des deutschen Volkes, die in der Frankfurter Nationalversammlung beraten und durch Gesetz vom 27. 12. 1848 in Kraft gesetzt werden, sprachen jedem „Deutschen" das deutsche „Reichsbürgerrecht" zu. Freilich blieb weiter unklar, wer als „Deutscher" gelten sollte. Erst die Gründung des Norddeutschen Bundes brachte ein Gesetz über die Erwerbung und den Verlust der Bundes- und Staatsangehörigkeit (BGBl 1870, 355) mit sich. Dieses Gesetz war zwar keine neue Kodifikation, sondern eine Wiedergabe der Regeln des Partikularrechts, die der Mehrzahl der Bundesstaaten nach den bisherigen Einzelgesetzgebungen gemeinsam waren. Jedoch beruhten die unmittelbaren rechtlichen Beziehungen zwischen dem Bürger und der politischen Zentralinstanz im Norddeutschen Bund zum ersten Mal in Deutschland auf einem einheitlichen und gemeinsamen Indigenat.

Der Norddeutsche Bund war ein Staat mit eigenen Bundesangehörigen. Hierbei wurde die Bundesangehörigkeit durch die StA in Einzelstaaten vermittelt. So wurde sta.-rechtlich aus dem preußischen Untertan der „Norddeutsche". Mit der Gründung des Deutschen Reiches erweiterte sich der Geltungsbereich des Gesetzes. Am 1. Januar 1871 trat es auch in Württemberg, Baden und Hessen südlich des Mains in Kraft, am 13. Mai 1871 als Reichsgesetz schließlich in Bayern. Dieses war das 1. Reichs- und Staatsangehörigkeitsgesetz. Es blieb bis zum 1. 1. 1914 in Geltung. Durch das gemeinsame Bundes- bzw. Reichsindigenat wurden zum ersten Male Angehörige eines jeden Bundesstaates in jedem anderen Bundesstaat als Inländer behandelt. Nach Art. 3 der Reichsverfassung von 1871[4] hatte das gemeinsame Indigenat die Wirkung, daß „die Angehörigen eines jeden Bundesstaates in jedem anderen Bundesstaate als Inländer zu behandeln und demgemäß zum festen Wohnsitz, zum Gewerbetriebe, zu öffentlichen Ämtern, zum Grundstückserwerb und zum Genuß aller sonstigen bürgerlichen Rechte wie Einheimische zuzulassen waren und den gleichen Rechtsschutz genossen"[5]. Die Voraussetzungen für Verlust und Erwerb der Bundes- bzw. Reichsangehörigkeit wurden umfassend geregelt; damit wurde der verwirrende Rechtszustand in den Bundesstaaten beseitigt. Das Gesetz wollte eine unmittelbare Reichsangehörigkeit vermeiden, sie sollte nur durch die Angehörigkeit in einem Bundesstaat erworben werden können (§ 1). Dies gelang freilich in Folge des Beitritts von Elsaß-Lothringen zum Reich nach dem Versailler Präliminarfrieden vom

---

[3] Vgl. Grawert, S. 181, Fußn. 33.

[4] RGBl 1871, 63.

[5] Der Grundgedanke von Art. 3 der ReichsVerf von 1871 ist heute in Art. 33 I GG enthalten.

26. 2. 1871 nicht ganz. Elsaß-Lothringen war bis dahin kein Staat gewesen, an dem Bündnisvertrag, der zur Gründung des Deutschen Reiches führte, hatte es nicht teilgenommen. Es wurde „Reichsland", kein Bundesstaat. Die Schwierigkeiten, welche sich aus der Sonderstellung Elsaß-Lothringens in staatsrechtlicher Hinsicht ergaben, wurden vielfach dadurch gelöst, daß man die Fiktion aufstellte, Elsaß-Lothringen sei ein Bundesstaat. Diese Fiktion wurde dazu benutzt, die staatsrechtliche Stellung Elsaß-Lothringens im Reich weiter auszubilden; mit ihrer Hilfe wurde auch die unveränderte Einführung des Staatsangehörigkeitsgesetzes von 1870 in Elsaß-Lothringen ermöglicht[6].

Vom 22. Juli 1913 schließlich stammt das „Reichs- und Staatsangehörigkeitsgesetz" (RuStAG), welches, am 1. 1. 1914 in Kraft getreten, heute noch, wenngleich mit zahlreichen Änderungen, die Hauptquelle des StA.-Rechts in der Bundesrepublik Deutschland bildet. Das neue Gesetz behielt die Regelung bei, daß die Reichsangehörigkeit durch die StA in einem Bundesstaat vermittelt wurde. Elsaß-Lothringen wurde ausdrücklich den deutschen Bundesstaaten gleichgestellt, so daß es nicht mehr der bisherigen Fiktion bedurfte. In einem besonderen Abschnitt wurde ein Erwerb der „unmittelbaren Reichsangehörigkeit" geregelt. Diese Einrichtung hatte sich insbesondere nach dem Erwerb der Kolonien als notwendig erwiesen. Die Kolonien waren keine Länder, und man entschied sich dafür, ihren Einwohnern eine unmittelbare Angehörigkeit zuzusprechen, obwohl auch andere Lösungsmöglichkeiten denkbar gewesen wären. Als Institution war eine Reichsangehörigkeit für Ausländer in den Schutzgebieten wie für Eingeborene schon in den Schutzgebietsgesetzen von 1888[7] und 1900[8] aufgetaucht, 1913 wurde sie in das neue Gesetz eingebaut. Das neue RuStAG sah vor, daß sowohl Ausländern, die sich in den Schutzgebieten niedergelassen hatten[9] wie Eingeborenen, aber auch ehemaligen Deutschen, die im Ausland wohnten und zwischenzeitlich eine andere StA erworben hatten oder staatenlos gewesen waren, die unmittelbare Reichsangehörigkeit verliehen werden konnte.

In der Weimarer Republik erfolgte trotz der wesentlich zentralistischer strukturierten Verfassung keine erhebliche Veränderung des RuStAG. Zwar wurden aus den Bundesstaaten Länder, so daß folgerich-

[6] Gesetz zur Einführung des RuStAG in Elsaß-Lothringen RGBl 1873, 51; vgl. dazu v. Keller / Trautmann, Kommentar, S. 56.

[7] RGBl 1888, 71.

[8] RGBl 1900, 813.

[9] Die Einbürgerung von Ausländern hatte zahlenmäßig keine große Bedeutung. Sie wurde hauptsächlich von Buren in Anspruch genommen, die sich nach der Annexion der Burenstaaten durch die Engländer in Deutsch-Südwest oder Ostafrika niedergelassen hatten; vgl. Schätzel, Kommentar, S. 233.

tig von einer „Landesangehörigkeit" zu sprechen wäre[10]. Gewisse Veränderungen im Bestand der Länder waren in der StA zu berücksichtigen, so der Zusammenschluß mehrerer Länder zum Lande Thüringen, der Anschluß Coburgs an Bayern und das Aufgehen von Waldeck und Pyrmont in Preußen[11]. Erst im Dritten Reich wurde das StA-Recht einer einschneidenden Veränderung unterworfen. Zwar blieb das RuStAG in Kraft, jedoch wurde es seines eigentlichen Charakteristikums, nämlich der „Staats-", d. h. der Landesangehörigkeit beraubt. Durch das „Neuaufbaugesetz" vom 30. 1. 1934[12] wurde den Ländern die Staatlichkeit genommen. Sie wurden zu Verwaltungseinheiten reduziert, Deutschland zu einem Zentralstaat umgestaltet. Die Landesangehörigkeit fiel fort, es gab nur noch die unmittelbare deutsche Reichsangehörigkeit[13].

Von den nationalsozialistischen Regelungen auf dem Gebiet des StA-Rechts seien die wichtigsten Maßnahmen erwähnt, die zwar größtenteils nach Kriegsende wieder beseitigt wurden, jedoch Ausgangspunkt für die komplizierten StA-Verhältnisse der Nachkriegszeit waren. Schon 1933 war ein Gesetz über den Widerruf von Einbürgerungen und die Aberkennung der deutschen StA ergangen[14], auf Grund dessen Einbürgerungen aus der Zeit zwischen 1918 und 1933 widerrufen werden konnten, falls sie „nicht als erwünscht" galten; auch konnte die deutsche StA denjenigen entzogen werden, die sich im Ausland aufhielten und gegen das nationalsozialistische Regime auftraten. 1935 wurden durch Gesetz die Bestimmungen des RuStAG über den Rechtsanspruch auf Einbürgerung abgeschafft[15], im gleichen Jahr wurde das

---

[10] Schätzel, Kommentar, S. 122.

[11] Gesetz betr. das Land Thüringen v. 30. 4. 1920, RGBl S. 481; Gesetz betr. die Vereinigung Coburgs mit Bayern v. 30. 4. 1920, RGBl S. 842; Gesetz über die Vereinigung von Pyrmont mit Preußen v. 24. 3. 1922, RGBl S. 281; Gesetz über die Vereinigung von Waldeck mit Preußen v. 7. 12. 1928, RGBl S. 401; Gesetz über einen Gebietsaustausch zwischen Sachsen und Thüringen v. 30. 3. 1928 RGBl I, S. 115; ferner vor allem im Hinblick auf den Versailler Vertrag: Versailler Vertrag v. 28. 6. 1919 Art. 36 f., Anl. hinter Art. 50, § 27, Art. 53 f. mit Anl. hinter Art. 79, Art. 84 f., 91, 99, 105 f., 112 f., 278 (RGBl S. 763, 793, 805, 829, 837, 853, 869, 875, 887, 1087); Ausführungsbestimmung zu Art. 91 des Versailler Vertrages (Optionsordnung) v. 3. 12. 1921 (RGBl S. 1491). Staatsangehörigkeitsvertrag mit der Tschechoslowakischen Republik v. 29. 6. 1920 (RGBl S. 2284); Vertrag mit Danzig über die Regelung von Optionsfragen v. 8. 11. 1920 (RGBl S. 186); Vertrag mit Dänemark v. 10. 4. 1922, Anl. 11 (RGBl II, S. 142, 201) mit AusfVO v. 24. u. 27. 7. 1922 (RGBl II, S. 686, 688); Vertrag mit Polen wegen Oberschlesien v. 15. 5. 1922, Art. 25 ff. (RGBl II, S. 252) mit AusfVO v. 15. 5. 1924 (RGBl II, S. 123 ff.); Optionsabkommen mit Belgien v. 11. 9. 1922 (RGBl II, S. 227); Vertrag mit Polen v. 30. 8. 1924 (RGBl 1925, II, S. 33); Optionsvertrag mit Litauen v. 10. 2. 1925 (RGBl II, S. 59).

[12] RGBl 1934 I S. 75.

[13] § 1 der Verordnung über die deutsche Staatsangehörigkeit vom 5. 2. 1934, RGBl I S. 85.

[14] RGBl I S. 480.

berüchtigte Reichsbürgergesetz[16] erlassen, das den Beginn einer Neuregelung auf dem Gebiet des StA-Rechts darstellen sollte[17]. Es unterschied zwischen dem deutschen StAng und dem „Reichsbürger". StAng sollte sein, wer dem „Schutzverband des Deutschen Reiches" angehörte, Reichsbürger hingegen nur der StAng „deutschen oder artverwandten Blutes, der durch sein Verhalten beweist, daß er gewillt und geeignet ist, in Treue dem deutschen Volk und Reich zu dienen". Auf seiner Grundlage wurden zahlreiche Verordnungen erlassen. Zur Einleitung der Diskriminierung und Verfolgung des jüdischen Bevölkerungsteiles diente die 1. Verordnung zum Reichsbürgergesetz v. 14. 11. 1935[18]. In ihr wurde bestimmt, daß nur Reichsbürger als Träger der vollen politischen Rechte das Stimmrecht in politischen Angelegenheiten ausüben und ein öffentliches Amt bekleiden könnten. Da Juden durch diese Verordnung vom Status des Reichsbürgers ausgeschlossen wurden[19], wurde ihnen ebenfalls das Wahlrecht entzogen und die Eignung zur Bekleidung öffentlicher Ämter aberkannt. Von besonderer Bedeutung war die Verordnung vom 20. 1. 1942[20], nach der Ausländer auch ohne Begründung eines Wohnsitzes im Inland eingebürgert werden konnten. Sie war die Grundlage der Zwangs- bzw. Kollektiveinbürgerungen, nach der Gruppen von Ausländern, die in einem unter deutscher Hoheit stehenden Gebiet ihre Niederlassung hatten oder aus einem solchen Gebiet stammten, durch allgemeine Anordnung die deutsche StA verliehen werden konnte.

Die territorialen Ausdehnungen des Dritten Reiches hatten für die Bewohner der betroffenen Gebiete unterschiedliche sta.-rechtliche Folgen. Der Erwerb der deutschen StA hing wesentlich davon ab, ob ein besetztes Gebiet förmlich in das Reich eingegliedert, als Reichsgebiet behandelt oder militärisch besetzt war. Der Grundgedanke war, daß nur deutsche „Volkszugehörige" (neben die noch die Bewohner „deutschen oder artverwandten Blutes" traten) eingebürgert werden sollten. Die „Volkszugehörigkeit" wurde auf Grund eines komplizierten Verfahrens mit Hilfe von sogenannten Volkslisten festgestellt. Neben der Volkszugehörigkeit wurden durch Verordnung zum Reichsbürgergesetz vom 25. 4. 1943[21] Angehörigkeiten „zweiter Klasse" geschaffen, eine „Staatsangehörigkeit auf Widerruf" und eine „Schutzangehörigkeit des Deutschen Reiches" (für nichtdeutsche Reichsbewohner).

---

15 RGBl I S. 593.

16 RGBl I S. 1146.

17 Vgl. Lichter / Hoffmann, S. 7 f.

18 RGBl. I, S. 1333.

19 § 4 der VO: „Ein Jude kann nicht Reichsbürger sein."

20 RGBl I, S. 40.

21 RGBl I, S. 268.

Damit existierten vier unterschiedliche Positionen: 1. das Reichsbürgerrecht, 2. die StA auf Widerruf, 3. die Schutzangehörigkeit, 4. die deutsche Volkszugehörigkeit. Hinzu kam als fünfte Position noch die „einfache Staatsangehörigkeit", die all diejenigen besaßen, die nicht den Status des Reichsbürgers innehatten, also die „Nichtarier", wobei die faktische Existenz dieser Gruppe zu diesem Zeitpunkt keine Rolle mehr gespielt haben dürfte. Jedenfalls sollte nach den nationalsozialistischen Vorstellungen von der „Endlösung der Judenfrage" diese Personengruppe von selbst verschwinden.

Die erste Gebietserweiterung kam mit dem „Anschluß" Österreichs am 13. 3. 1938. Durch Verordnung vom 3. Juli 1938[22] fiel die österreichische StA fort und wurde durch die deutsche ersetzt. Entsprechend wurde in den Fällen des Sudentenlandes[23], des Memellandes[24] und Danzigs[25] verfahren, die ebenfalls dem Reich eingegliedert wurden. Für die Rest-Tschechei (Protektorat Böhmen und Mähren) wurde eine besondere Protektoratszugehörigkeit eingeführt[26], in den übrigen Ostgebieten (Posen und Westpreußen) erwarben nur die Bewohner „deutschen oder artverwandten Blutes" die deutsche StA, im übrigen wurden Volkslisten für die Feststellung der Volkszugehörigkeit aufgestellt. Ähnlich wurde in den Gebieten von Eupen, Malmedy und Moresnet[27] verfahren. Das Elsaß, Lothringen und Luxemburg wurden zwar nicht formell in das Reich eingegliedert, praktisch aber weitgehend als Reichsgebiet behandelt. Einem Teil ihrer Einwohner wurde kollektiv die deutsche StA bzw. die StA auf Widerruf verliehen[28].

2. Die Lage nach dem II. Weltkrieg

Die Kapitulation vom 8. 5. 1945, die Besetzung Deutschlands und die Übernahme der Gesetzgebung und Verwaltung durch die Alliierten berührten die deutsche StA als Rechtsinstitut nicht. Auch haben die Besatzungsmächte nur dort in das Sta.-Recht eingegriffen, wo es um die Beseitigung nationalsozialistischer Willkürmaßnahmen, wie des „Reichsbürgergesetzes" mitsamt all den darauf folgenden Verordnungen (vor allem den Zwangseinbürgerungen) ging[29].

---

22 RGBl I, S. 790.

23 Vgl. dazu im einzelnen die Bestimmungen abgedruckt bei Lichter / Hoffmann, S. 413 ff.

24 Lichter / Hoffmann, S.465 ff.

25 Lichter / Hoffmann, S. 475 ff.

26 Lichter / Hoffmann, S. 427.

27 Lichter / Hoffmann, S. 499.

28 Lichter / Hoffmann, S. 514; dazu auch Schätzel, Der heutige Stand des deutschen Staatsangehörigkeitsrechts.

29 Vgl. Lichter / Hoffmann, S. 10, 373 f.

Auch die Länder, die sich in den folgenden Jahren bildeten, haben die deutsche StA nicht angetastet. Jedoch haben vor Gründung der Bundesrepublik einige Landesverfassungen Bestimmungen aufgenommen, die von einer Landesstaatsangehörigkeit sprechen (Bayerische Verfassung vom 2. 12. 1946 — Art. 6; Verf. des Landes Baden vom 22. 5. 1947 — Art. 53 Abs. 2 und 3; Verf. Württemberg-Hohenzollern vom 20. 5. 1947 — Art. 6 Abs. 3; Rheinland Pfalz v. 18. 5. 1947 — Art. 75).

Am bedeutsamsten ist dabei Art. 6 der Bayerischen Verfassung. Er lautet:

(1) Die Staatsangehörigkeit wird erworben

1) durch Geburt;

2) durch Legitimation;

3) durch Eheschließung;

4) durch Einbürgerung.

(2) Die Staatsangehörigkeit kann nicht aberkannt werden.

(3) Das Nähere regelt ein Gesetz über die Staatsangehörigkeit.

Der Entwurf eines bayerischen Staatsangehörigkeitsgesetzes ist von der verfassunggebenden Landesversammlung am 15. Oktober 1946 der bayerischen Staatsregierung zum Erlaß als Gesetz empfohlen worden, er fand jedoch nicht die Billigung der amerikanischen Besatzungsbehörde[30]. Zu einem Staatsangehörigkeitsgesetz ist es in der Folgezeit in Bayern wie auch in den anderen Ländern der Bundesrepublik nicht mehr gekommen.

a) Bundesrepublik Deutschland

Das Grundgesetz der Bundesrepublik Deutschland vom 23. Mai 1949 hat an der einheitlichen deutschen StA festgehalten. Aus dem Zentralstaat wurde mit der Schaffung bzw. Wiedererrichtung von Ländern zwar wieder ein Bundesstaat. Zu einer Rückkehr zum sta.-rechtlichen Stand vor 1934 hat man sich bisher aber nicht entschließen können.

Das in der Bundesrepublik geltende Recht der StA ist in verschiedenen Rechtsquellen enthalten, vor allem im Grundgesetz und im RuStAG von 1913, welches gem. Art. 123 I GG, allerdings mit erheblichen Veränderungen[31], fortgilt. Das GG setzt den Begriff der StA und dessen nähere Regelung in einfachen Gesetzen voraus. Damit ist zur Konkretisierung auf das RuStAG verwiesen. Erst in der Zusammen-

---

[30] Nawiasky / Leusser, S. 81; Tschira, Bayerische Landesangehörigkeit?

[31] StARegG v. 22. 2. 55 (BGBl I, 65); 2. StARegG v. 17. 5. 56 (BGBl I, 431); Neufassung von § 4 RuStAG durch RuStAÄndG v. 19. 12. 1963 (BGBl I, 982); Einführung von § 9 durch StAngÄndG v. 8. 9. 69 (BGBl I, 1581); RuStAÄndG 1974 v. 20. 12. 1974 (BGBl I, 3714).

schau von GG und RuStAG läßt sich ein Bild der deutschen StA in der Bundesrepublik gewinnen.

Von entscheidender Bedeutung sind die Artikel 16 und 116 GG, außerdem Art. 73 Nr. 2 und 74 Nr. 8, mittelbar auch Art. 33 GG.

Art. 16 lautet:

(1) Die deutsche Staatsangehörigkeit darf nicht entzogen werden. Der Verlust der Staatsangehörigkeit darf nur auf Grund eines Gesetzes und gegen den Willen des Betroffenen nur dann eintreten, wenn der Betroffene dadurch nicht staatenlos wird.

(2) Kein Deutscher darf an das Ausland ausgeliefert werden. Politisch Verfolgte genießen Asyl.

Gemäß Art. 73 Nr. 2 GG besitzt der Bund die ausschließliche Gesetzgebung über die „Staatsangehörigkeit im Bunde". Nach Art. 74 Nr. 8 GG unterliegt die StA in den Ländern der konkurrierenden Gesetzgebung. Jedoch hat bisher weder ein Land ein StA. Gesetz erlassen, noch hat der Bund von der Zuständigkeit nach Art. 74 Nr. 8 Gebrauch gemacht. Damit ist jedoch noch nichts darüber ausgesagt, was die deutsche StA ist und wer sie besitzt. Hingegen wird in Art. 16 Abs. 2 GG wie in Art. 33 Abs. I GG auf den „Deutschen", nicht nur auf den deutschen StAng, Bezug genommen. Dieser Status des Deutschen wird in Art. 116 Abs. 1 GG erklärt. Er lautet:

„Deutscher im Sinne dieses Grundgesetzes ist vorbehaltlich anderweitiger gesetzlicher Regelung, wer die deutsche Staatsangehörigkeit besitzt oder als Flüchtling oder Vertriebener deutscher Volkszugehörigkeit oder als dessen Ehegatte oder Abkömmling in dem Gebiete des Deutschen Reiches nach dem Stande vom 31. Dezember 1937 Aufnahme gefunden hat."

Das GG kennt also zwei verschiedene Rechtspositionen: einmal den des deutschen StAngn, und sodann den des „sonstigen Deutschen".

α) Der deutsche Staatsangehörige

Das GG spricht von deutscher StA, nicht von bundesdeutscher StA oder einer StA der Bundesrepublik Deutschland. Diese Formulierung ist absichtlich gewählt worden. Bei den Beratungen zu Art. 16 GG hatte der Grundsatzausschuß des Parlamentarischen Rates zunächst den Begriff „Bundesangehörigkeit" verwendet. Auch der Hauptausschuß gab für Art. 16 in der 18. Sitzung vom 4. Dezember 1948 (Kurzprotokoll S. 5) die Fassung: „Die Bundesangehörigkeit darf nicht willkürlich entzogen werden[32]." Indes änderte der Allgemeine Redaktionsausschuß in seinem Vorschlag vom 13. 12. 1948 „Bundesangehörigkeit" ab in „Staatsangehörigkeit". Als Begründung wurde angegeben: „Da zur Zeit die Bundesangehörigkeit noch nicht geregelt ist und es vorläufig nur die deutsche

[32] v. Mangoldt, Kommentar, S. 108.

StA gibt, empfiehlt es sich, kurzerhand von Staatsangehörigkeit zu sprechen[33]." Der Grundsatzausschuß übernahm in der 32. Sitzung vom 11. 1. 1949 den Begriff „deutsche Staatsangehörigkeit" auf Vorschlag des Abg. Bergsträsser (SPD). Dieser hatte die Änderung folgendermaßen begründet: „Da wir die Verfassung für Deutschland machen — nach einem Satz unserer Präambel — wollen wir sagen: Die deutsche Staatsangehörigkeit. Wir machen doch eine Verfassung, zu der wir die anderen Deutschen einladen[34]."

Auch bei der Behandlung der Art. 33 und 73 Nr. 2 GG wurde diskutiert, ob nicht von einer Bundesangehörigkeit auszugehen sei. Der Abg. Seebohm wandte sich bei der Beratung des Art. 33 dagegen, von „Bundesangehörigen" zu sprechen, um den Deutschen aus dem Osten, die in die Bundesrepublik strömten und deren StA.-Verhältnisse teilweise unklar waren, keine Rechte vorzuenthalten[35]. Dementsprechend vermied man es schließlich bei der Formulierung von Art. 73 Nr. 2 GG von einer „Bundesangehörigkeit" zu sprechen und entschied sich für „Staatsangehörigkeit im Bunde". Diese vorsichtige Formulierung ließ es dem Gesetzgeber offen, in welcher Form und mit welchem Namen er die StA regeln oder alles beim alten lassen sollte[36].

Man wird aber andererseits nicht sagen können, daß das Grundgesetz eine direkte Festlegung auf das RuStAG von 1913 enthält. Aus den Beratungen des Parlamentarischen Rates zu den oben genannten Artikeln ergibt sich vielmehr, daß es in erster Linie darauf ankam, eine tragbare Übergangsregelung zu finden um nicht durch die Verwendung bestimmter Begriffe die weitere Entwicklung der deutschen Frage zu präjudizieren[37].

Die chaotische politische Situation der Nachkriegszeit spiegelte sich auf dem Gebiet der StA wider. So sprach der Abg. Laforet (CSU) anläßlich der Beratungen von Art. 33 GG auf der zweiten Sitzung des Zuständigkeitsausschusses vom „gegenwärtigen Chaos auf dem Gebiet des Staatsangehörigkeitsrechts"[38]. Auch ging man davon aus, daß die Angelegenheiten der StA nach Überwindung der Übergangsphase durch ein neues StA-Gesetz geregelt werden sollten. In der 48. Sitzung des Hauptausschusses vom 9. 2. 1949[39] stellte der Abg. Dr. v. Mangoldt (CDU) den Antrag, in den Art. 33 GG (damals noch Art. 27 a) folgenden Absatz aufzunehmen: „Jeder Angehörige eines Landes ist zugleich Bun-

---

[33] Drs. 370 (als Art. 16) vgl. JöR n. F. Bd. 1, S. 160.

[34] Lichter / Hoffmann, S. 465 ff.

[35] JöR Bd. 1, S. 309.

[36] Vgl. Maunz in Maunz / Dürig / Herzog, Art. 73 Rdn. 51.

[37] Vgl. JöR n. F. Bd. 1, S. 161, 309 f., 473, 823.

[38] Stenoprot. S. 39, 40; JöR n. F. Bd. 1, S. 473.

[39] Sten. Bericht, S. 642; JöR Bd. 1, S. 310.

desangehöriger." Auf die Frage des Abg. Dr. Schmid (SPD), ob dies bedeute, daß eine Landesangehörigkeit primär sei, antwortete Dr. v. Mangoldt: „Es ist sehr die Frage, ob das so geregelt wird. Diese Frage muß offenbleiben. Es ist die Frage, wie das Staatsangehörigkeitsgesetz diese Dinge regelt ... Für den Übergangszustand, bis ein Reichs- und Staatsangehörigkeitsgesetz zustande kommt, ist diese Vorschrift wichtig."

Die Erwartung, daß es zu einer Neuregelung der Sta.-verhältnisse kommen würde — wie sie auch Schätzel 1948 noch gehegt hatte[40] — erfüllte sich nicht. Zu einem neuen StA.-Gesetz kam es nicht. Dies lag sicherlich in erster Linie an der ungelösten deutschen Frage; die Bundesrepublik verstand sich zumal in der damaligen Zeit als ein Provisorium. Der Öffentlichkeit wie auch den meisten Politikern erschien es kaum vorstellbar, daß eine Wiedervereinigung in näherer Zukunft sich nicht würde realisieren lassen. Um nichts zu präjudizieren, blieb das RuStAG von 1913 einfach weiter in Geltung. Bestimmte anfallende Probleme wurden durch Regelungs- und Änderungsgesetze zum RuStAG bereinigt. Aus dem Grundgesetz selbst wird man daher eine Festlegung auf das RuStAG von 1913 nicht entnehmen können. Es könnte auch durch ein neues StA-Gesetz ersetzt werden.

Die konkrete Ausgestaltung eines solchen neuen Gesetzes hätte sich freilich am Grundgesetz im übrigen zu orientieren, wobei der Frage eines grundgesetzlichen Wiedervereinigungsgebotes mitsamt all ihren Konsequenzen primäre Bedeutung zukommt. Nach der derzeitigen Rechtslage ist „deutscher Staatsangehöriger" jedenfalls zunächst, wer die deutsche StA nach dem RuStAG erworben hat. Da er für diese StA nicht auf den Wohnsitz ankommt, ist deutscher StAng auch der geblieben, der es vor dem Zusammenbruch des Jahres 1945 war, also auch der Deutsche in dem Gebiet der heutigen DDR. Das Grundgesetz nimmt für sich laut Präambel nur den Charakter des Vorläufigen in Anspruch. Es orientiert sich am Ziel der Wiedervereinigung Deutschlands. Die StA ordnet es nicht der Bundesrepublik zu, sondern dem staatlichen Gebilde, wie es am 8. 5. 1945 real bestand. In seiner Konzeption geht es damit von einer einheitlichen deutschen StA aus, die auch die Einwohner der DDR umfaßt[41].

---

[40] Schätzel, AöR Bd. 74 (1948), S. 318.

[41] So die h. M., Maunz in Maunz / Dürig / Herzog, Art. 116 Rdn. 4; Kimminich in Bonner Kommentar, Art. 16 Rdn. 21 - 23; v. Mangoldt / Klein, S. 481; Schätzel, Kommentar, S. 82; auch Schnapp, in Ingo v. Münch, Grundgesetz Art. 16 Rdn. 10 (der aber von einer auf den Geltungsbereich des GG geschrumpften deutschen StA spricht).

β) Der „sonstige Deutsche“

Art. 116 Abs. 1 GG gibt eine Legaldefinition des Begriffes „Deutscher“. Gegenüber dem Begriff „deutscher StAng“ ist der „Deutsche“ der erweiterte Begriff. Er umfaßt zunächst den deutschen StAngn. Hinzu kommt aber noch der „Statusdeutsche“, nämlich der Flüchtling oder Vertriebene deutscher Volkszugehörigkeit. Wer deutscher Volkszugehöriger ist, läßt sich § 6 des Bundesvertriebenengesetzes vom 29. 5. 1953[42] entnehmen. Er lautet: „Deutscher Volkszugehörigkeit im Sinne dieses Gesetzes ist, wer sich in seiner Heimat zum deutschen Volkstum bekannt hat, sofern diese Bekenntnis durch bestimmte Merkmale wie Abstammung, Sprache, Erziehung, Kultur bestätigt wird.“

Die Notwendigkeit, einen solchen Status zu schaffen, ergab sich aus dem Umstand, daß, nachdem die nationalsozialistischen Machthaber in den besetzten Gebieten den Status des Volkszugehörigen geschaffen hatten, bei Kriegsende Millionen dieser Volksdeutschen in das restliche Deutschland einströmten bzw. aufgrund von Abmachungen der Alliierten dorthin umgesiedelt wurden. Die StA.-verhältnisse dieser Flüchtlinge waren völlig ungeklärt. Teilweise war ihnen durch die Gesetzgebung ihrer Heimatstaaten auf Grund ihrer deutschen Volkszugehörigkeit ihre eigentliche StA aberkannt worden, teilweise nicht. In Polen konnte allen Volksdeutschen, die auch von Polen als solche angesehen wurden, gemäß Dekret vom 13. 9. 1946[43] die polnische StA entzogen werden. Allerdings mußte eine entsprechende Entscheidung in jedem einzelnen Fall getroffen werden. Nach Art. 4 Ziff. 3 des polnischen StA-Gesetzes vom 8. 1. 1951[44] wurde allen Personen deutscher Volkszugehörigkeit, die nicht mehr in Polen lebten, die polnische StA aberkannt. Die Tschechoslowakei hatte bereits durch Dekret des Präsidenten vom 2. 8. 1945[45] den Volksdeutschen die tschechoslowakische StA entzogen und diese Personen vertrieben. Damit waren die Betroffenen staatenlos. Eine rechtliche Regelung und Sichtung war angesichts der damaligen Verhältnisse in Deutschland nicht möglich.

Manche Flüchtlinge wollten überhaupt nicht in Deutschland bleiben, sondern weiterwandern[46]. Die Hilfe der UN-Organisationen wie UNRRA oder IRO konnten sie aber nur in Anspruch nehmen, wenn sie nicht deutsche StAnge waren, da diese Organisationen sich nach ihren Statu-

[42] BGBl I, 201.

[43] Text in Sammlung Bd. 9, 106.

[44] Text in Sammlung Bd. 9, 116.

[45] Text in Sammlung Bd. 18, 83.
Der Rehabilitationserlaß von 1953 gewährte den restlichen Verbliebenen wieder die csl. StA. Vgl. dazu Gesetz über den Wiedererwerb der csl. Staatsbürgerschaft in Sammlung a.a.O., S. 111.

[46] Vgl. Schätzel, Kommentar, S. 94 ff.

ten nur mit Flüchtlingen, die nicht Deutsche waren, beschäftigen durften. Die Schaffung eines Status des „sonstigen Deutschen“, der weitgehend wie ein deutscher StAng behandelt wird, umging solche Schwierigkeiten.

Obwohl nach dem Wortlaut von Art. 116 Abs. 1 GG nur Ehegatten und Abkömmlinge von Statusdeutschen auch die Stellung von „Deutschen“ besitzen, wird gewohnheitsrechtlich eine Übertragung dieses Status auf derivativem Wege bejaht[47]. Es ist indes fraglich, ob heute, dreißig Jahre nach Kriegsende, diese Konstruktion noch erforderlich ist.

Schätzel vertrat die Ansicht, daß wegen der Formulierung „vorbehaltlich anderweitiger gesetzlicher Regelung“ die Anweisung an den Bundesgesetzgeber enthalten sei, diese Kategorie des Deutschen sobald angängig aufzulösen[48]. Auch Maunz[49] ist der Ansicht, daß der Begriff des sonstigen Deutschen, der durch die Notzustände der Nachkriegszeit bedingt war, durch Einfügung dieser Personengruppe in die Gruppe der StAngn wieder entbehrlich gemacht werden sollte. Eine förmliche Anweisung an den Gesetzgeber, diese Gruppe der „Deutschen“ aufzulösen, will er allerdings nicht erkennen, da eine anderweitige Gesetzgebung nur vorbehalten, nicht aber zur Pflicht gemacht worden sei. Ebensowenig sieht Makarov[50] in diesem Vorbehalt eine diesbezügliche Zuordnung zur Auflösung des „Deutschen“-Status, vielmehr bemerkt er darin die Möglichkeit, durch Gesetz die Gleichstellung der Statusdeutschen mit den deutschen Staatsangehörigen einzuschränken. Nach einer wörtlichen Deutung von Art. 116 GG ist Maunz und Makarov zuzustimmen. Die praktische Bedeutung der Einrichtung des „Statusdeutschen“ ist aufgrund des Einbürgerungsanspruchs, den § 6 des StARegG von 1955 diesem Personenkreis gewährt, ohnehin nicht mehr groß. Was Rechte und Pflichten anlangt, so sind die Deutschen ohne die deutsche StA inzwischen nahezu in der Masse der deutschen StAngn aufgegangen. Die Paßbehörden stellen ihnen die gleichen Ausweispapiere wie den deutschen StAngn aus, so daß sie prima facie nicht von den StAngn unterschieden werden können. Ihre administrative Erfassung wäre allenfalls durch Überprüfung der Akten der Flüchtlingsbehörden zu bewerkstelligen[51]. Immerhin liegen Zahlen vor, wie viele „Deutsche“ (gem. Art. 116) nach § 6 des 1. StARegG die deutsche StA erhielten. In den Jahren von 1969 bis 1974 waren es immerhin 54 229 Personen[52].

47 Schätzel, Kommentar, S. 100.

48 Schätzel, Kommentar, S. 97.

49 Maunz in Maunz / Dürig / Herzog, Art. 116 Rdn. 2.

50 Makarov, Kommentar, S. 244.

51 Vgl. dazu Teppert, Die Rechtsstellung der Deutschen ohne die deutsche Staatsangehörigkeit i. S. des Art. 116 I GG, S. 108 ff.

52 Vgl. Statistiken Bevölkerung + Kultur Reihe 1 Gebiet und Bevölkerung — V. Staatsangehörigkeit hrsg. v. Statistischen Bundesamt Wiesbaden.

b) Besonderheiten

α) Die Regelung im Saarland

Einen Sonderfall bildete von 1945 bis 1956 das Saarland. Die saarländische Regierung betrachtete, der französischen Rechtsauffassung folgend, das Saarland als von Deutschland losgelöst. Demzufolge gab es eine saarländische StA[53], die aber nach Inkraftreten des Gesetzes der Bundesrepublik über die Eingliederung des Saarlandes vom 23. 9. 1956[54] abgeschafft wurde. Gemäß § 1 Abs. 3 dieses Gesetzes sollte mit seinem Inkrafttreten das in der Bundesrepublik geltende StA.-Recht auch im Saarland gelten. Seit diesem Zeitpunkt — dem 1. 1. 1957 ist das Saarland allen anderen Ländern gleichgestellt, die keine landesrechtliche Regelung der StA besitzen[55]. Da diese Regelung für manche Personen Überraschungen mit sich gebracht hätte (z. B. für diejenigen, die im Saarland als saarländische Staatsangehörige eingebürgert worden waren und mit einem Mal die deutsche StA erhielten), wurden in der deutsch-französischen Vereinbarung über den Schutz von Personen[56] bestimmte Options- bzw. Repudiationsrechte vorgesehen. Nach Art. 5 Abs. 1 dieser Vereinbarung konnte jeder Saarländer, der nach dem GG Deutscher war, innerhalb einer Frist von zwei Jahren auf den „Status eines Deutschen" verzichten, sofern er nicht staatenlos wurde. Durch diese Möglichkeit sollte Saarländern nach französischer Absicht die Übersiedlung nach Frankreich erleichtert werden. Ein französisches Gesetz[57] gestattete bisherigen Saarländern eine Einbürgerung in Frankreich auch ohne daß sie dort ihren Wohnsitz nehmen mußten. Ohne das Verzichtsrecht hätten diese Personen ihre deutsche Staatsangehörigkeit aber nicht verloren, da gem. § 25 RuStAG bei Beibehaltung des Wohnsitzes im Inland die deutsche Staatsangehörigkeit nicht verloren geht[58].

β) Die „Österreicher-Regelung"

Zu erwähnen ist auch die Optionsregelung, die der Gesetzgeber mit dem RuStAÄndG von 1956 im Hinblick auf Österreich getroffen hat. Mit dem „Anschluß" Österreichs an das Deutsche Reich vom 13. 3. 1938 hatten die österreichischen StAngen die deutsche StA erworben; die österreichische StA war fortgefallen[59]. Mit der Wiedererrichtung Öster-

---

[53] Text bei Schätzel, Kommentar, S. 50 ff.

[54] BGBl II, 1011.

[55] Vgl. Makarov, Kommentar, S. 237.

[56] Anlage zum Saarvertrag v. 27. 10. 1956 BGBl II, 1589.

[57] Gesetz v. 27. 10. 1956 (Journal Officiel 1956 S. 12607).

[58] Vgl. dazu: Münch, Zum Saarvertrag vom 27. Oktober 1956, S. 28 ff.

[59] VO v. 3. 7. 1938.

reichs im Jahre 1945 war auch die österreichische StA wiederentstanden[60]. Für die deutsche Rechtspraxis stellte sich die Frage, ob mit Wiedererwerb der österreichischen StA die deutsche automatisch verloren gegangen war. Ein Rechtsstreit entzündete sich namentlich an der Frage, welche StA die in Deutschland verbliebenen Österreicher besäßen[61]. Der größte Teil der Rechtsprechung sowie das Bundesverwaltungsgericht (BVerwGE 1, 206) stellte sich auf den Standpunkt, dieser Personenkreis habe die deutsche StA nicht verloren. Das Bundesverwaltungsgericht vertrat die Ansicht, daß weder aus deutschem Recht noch aus Besatzungsrecht noch aus Völkerrecht eine Regel hergeleitet werden könne, wonach sich für diesen Personenkreis ein Verlust der deutschen StA ergeben würde. Das Bundesverwaltungsgericht (1,212) nahm an, daß es eine allgemein anerkannte völkerrechtliche Regel über den StA-Wechsel im Falle von Gebietsveränderungen nicht gäbe[62] und daß daher auch keine Regel existiere, nach der im Falle der Losreißung eines Teiles von einem Staat mit der Errichtung oder Wiederherstellung eines neuen Staates ein Teil der in dem Altstaat verbliebenen Personen die StA des Altstaats von Rechts wegen verlöre. Wenn überhaupt ein Verlust der alten StA eintrete, so nur für diejenigen Personen, die sich im Machtbereich des neuen Staates befänden.

Das Bundesverfassungsgericht vertrat demgegenüber eine andere Auffassung (BVerfGE 4, 322). Es sah in der Wiederentstehung Österreichs im Jahre 1945 keine typische Loslösung eines Staatsteils aus dem Verbande des Gesamtstaats. Vielmehr nahm das BVerfG an, daß es sich um einen besonders gearteten Fall der Staatensukzession, einen „Akt der Wiederherstellung des Status quo ante“ handele, aus dem sich folgerichtig ergebe, daß dem in seinen alten Grenzen wiedererrichteten Staate Österreich sein früheres Staatsvolk nicht vorenthalten werden dürfte — und zwar das gesamte Staatsvolk, gleichgültig wo sich seine Angehörigen am Tage der Unabhängigkeitserklärung aufhielten. Obwohl sich die Ausführungen des Urteils auf den besonderen Fall Österreichs beziehen und obwohl der damalige Streit durch die Verabschiedung des 2. StA-Regelungsgesetzes (1956) beigelegt ist, verdienen die Ansichten, die das BVerfG seinerseits zu StA-Fragen vertrat, Aufmerksamkeit. In dem zitierten Urteil heißt es nämlich auch, daß

[60] Österr. Staatsbürgerschaftsüberleitungsgesetz v. 10. 7. 1945 (BGBl 1945 Nr. 59, abgedruckt bei Schätzel, Kommentar S. 62).

[61] Vgl. Makarov, Die deutsche Staatsangehörigkeit der Österreicher nach 1945, ders., Das Gesetz über die deutsch-österreich. Staatsangehörigkeitsfragen; F. A. Mann, Zwangseinbürgerungen und das Völkerrecht; Kaufmann, Die Staatsangehörigkeit der Österreicher; Schätzel, Zur Regelung der deutsch-österreichischen Staatsangehörigkeitsfragen; sowie die Anmerkungen zum Urteil des BVerfG vom 9. 11. 1955 von Beitzke (DÖV 1956, 24) und Taumann (BayVerwBl 1956, 83).

[62] Vgl. dazu unten Kapitel D.

kein allgemeiner Völkerrechtssatz bestehe, wonach bei Neuentstehung von Staaten im Wege der Lostrennung der betroffenen Bevölkerung die Möglichkeit gegeben werden müßte, zwischen der StA des neuen und des bisherigen Staates zu wählen (BVerfGE 4, 329).

Der Gesetzgeber klärte den Streit zwischen Bundesverwaltungsgericht und Bundesverfassungsgericht, indem durch § 3 des Regelungsgesetzes von 1956 ein rückwirkendes Optionsrecht mit der Maßgabe gewährt wurde, daß die deutsche StA von den Personen wiedererworben werden kann, die nach dem 27. 4. 1945 (dem Zeitpunkt als die deutsche StA der Österreicher erlosch) ihren dauernden Aufenthalt im Gebiet des Deutschen Reiches nach dem Stand vom 31. 12. 1937 haben[63]. Auch bei den deutsch-belgischen und den deutsch-niederländischen Grenzkorrekturen in den Jahren 1956 und 1960 wurde den betroffenen Personen Optionsrecht gewährt[64].

c) In der Deutschen Demokratischen Republik

α) Die Regelung bis 1967

Die Verfassung der DDR vom 7. 10. 1949 statuierte in Art. 1 Ziff. 4: „Es gibt nur eine deutsche Staatsangehörigkeit." In der Literatur wird zwar teilweise die Ansicht vertreten, daß damit zunächst nur gemeint war, daß es keine eigene StA der Länder geben sollte[65]. Darüber hinaus besagte dieser Satz aber unmißverständlich, daß die Bürger der DDR die gleiche StA wie die der Bundesrepublik und Berlins besitzen sollten[66]. Dafür spricht auch, daß das RuStAG von 1913 in der DDR gleichfalls weiter galt.

---

[63] Vgl. hierzu: Strebel, Das Österreichergesetz vom Blickpunkt des Völkerrechts.

[64] Deutsch-Belgischer Vertrag v. 24. 9. 1956 BGBl 1958 II, S. 263; Deutsch-Niederländischer Vertrag v. 8. 4. 1960 BGBl 1963, S. 458.

[65] Mampel, Die Verfassung der Sowjetischen Besatzungszone Deutschlands, S. 23.

[66] Vgl. Hacker, Rechtsstatus S. 106 - 110 mit einzelnen Nachweisen. Dies ergibt sich aus dem Umstand, daß die erste DDR-Verfassung gesamtdeutsche Geltung beanspruchte. Wilhelm Pieck erklärte nach seiner Wahl zum ersten Präsidenten der DDR am 11. Oktober 1949: „... nicht eher werden wir ruhen, bis die widerrechtlich von Deutschland losgerissenen und dem Besatzungsstatut unterworfenen Teile Deutschlands mit dem deutschen Kerngebiet, mit der Deutschen Demokratischen Republik, in einem einheitlichen demokratischen Deutschland vereinigt sind." Der Jenaer Staatsrechtler Riege erklärte in seiner 1964 erschienenen Habilitationsschrift „Die Staatsbürgerschaft der DDR" die Absage an jede besondere Staatsangehörigkeit der Länder der DDR mit dem Hinweis auf die Entstehungsgeschichte der DDR-Verfassung. Sie sei als Grundgesetz einer gesamtdeutschen demokratischen Republik gedacht gewesen (Riege ebd. S. 164). Daraus ergibt sich, daß man zunächst auch von einer einheitlichen StA ausging.

Angesichts des stattlichen Volumens der sowjetzonalen Gesetzgebung ist diese außerordentliche Zurückhaltung der Rechtssetzung auf dem Gebiete der StA auffallend. Die einschlägigen Gesetze und Verordnungen sprachen auch stets von „deutscher Staatsangehörigkeit“[67]. Zu nennen sind hauptsächlich die Anordnung des Innenministers über die Gleichberechtigung der Frau im StA.Recht vom 30. 8. 1954[68] sowie die Verordnung über das Verfahren in StA.Rechtsfragen aus dem Jahre 1957[69] mit einer Änderung aus dem Jahre 1965[70]. Insgesamt wurde das RuStAG in der DDR erheblich weniger abgeändert als dies in der Bundesrepublik der Fall war. Erst 1961 zeichnete sich ein Wandel ab. Im Anschluß an das 30. Plenum des ZK der SED im Januar 1961 wurde in den einschlägigen neuen gesetzlichen Bestimmungen der Begriff „deutsche Staatsangehörigkeit“ nicht mehr verwendet. Es taucht die Wendung „Bürger der DDR“ auf[71]. Formal blieb jedoch das RuStAG weiter in Kraft.

Die Aufnahme der „Volksdeutschen“ wurde in der DDR anders als in der Bundesrepublik geregelt. Den Status des Deutschen nach Art. 116 I GG gibt es dort nicht. Der Flüchtling, der als volksdeutsch anerkannt und aufgenommen wurde, erwarb auch die volle deutsche StA. Entsprechende Regelungen wurden von den Ländern vor Konstituierung der DDR vorgenommen. So lautete ein Beschluß des Landtages der Provinz Sachsen-Anhalt vom 4. 12. 1946 (GesetzBl 1947, 157):

> „Als deutsche Staatsbürger mit allen ihnen zustehenden Rechten sind bis zur endgültigen Regelung der Zuständigkeit der Staatsangehörigkeit diejenigen Personen zu behandeln, die auf Grund der Potsdamer Beschlüsse als Angehörige der deutschen Bevölkerungsteile nach Deutschland überführt worden sind oder noch überführt werden und in Sachsen-Anhalt wohnen.“

Ein ähnlicher Beschluß erging in Mecklenburg-Vorpommern. Sachlich ist es bei der in allen ehemaligen Ländern der DDR befolgten Übung geblieben[72]. Weitere Gesetze oder Verordnungen von Stellen der DDR dazu sind nicht bekannt geworden. In der Bundesrepublik wohnhafte Deutsche, die den Status gem. Art. 116 I GG besitzen, wurden in der DDR als deutsche StAnge angesehen[73]. Die Vereinigung Österreichs mit

---

67 Vgl. Mampel, Kommentar, DDRVerf, S. 528.

68 ZentralBl DDR 1954 Nr. 35.

69 GBl 1957 S. 616.

70 GBl 1965 II S. 143.

71 Verordnung über den Besitz und die Verwendung von Personalausweisen v. 14. 8. 1961 GBl II S. 335; 2. Durchführungsbest. zum Paßgesetz v. 16. 9. 1963 GBl II S. 691; Personalausweisordnung v. 23. 9. 1963 GBl II S. 700; Erlaß des Staatsrats über die Aufnahme von Bürgern, die ihren Wohnsitz außerhalb der Deutschen Demokratischen Republik haben v. 21. 8. 1964 GBl I S. 218.

72 Schätzel, Kommentar, S. 112.

73 Schätzel, ebd., S. 113.

dem Reich wurde für die Zeit zwischen 1938 und 1945 anerkannt. Danach hatten die Österreicher in dieser Zeit die deutsche StA besessen, 1945 aber wieder verloren[74].

β) Die Regelung seit 1967

1964 forderte Riege[75] ein Gesetz über die „Staatsbürgerschaft der DDR". Er erklärte, daß es sich bei dem Begriff „Bürger der DDR" lediglich um eine Präzisierung der Terminologie handele, nicht jedoch um eine Änderung der Rechtslage. Da die DDR mit ihrer Gründung Staatlichkeit erlangt habe, sei gleichzeitig auch eine Staatsbürgerschaft der DDR entstanden. Diese Auffassung fand aber nicht einmal in der DDR einhellige Zustimmung. Ingo Oeser[76] vertrat die Ansicht, erst mit dem Zeitpunkt der Loslösung Westdeutschlands aus dem deutschen Staatsverband im Jahre 1955 durch die Pariser Verträge sei die besondere Staatsbürgerschaft der DDR entstanden. Jedenfalls dauerte es bis zum Jahre 1967, daß ein „Staatsbürgerschaftsgesetz" der DDR vorlag[77]. Dieses Gesetz folgt der von Riege entwickelten Vorstellung. Im ersten Abschnitt der Präambel wird gesagt, daß mit der Gründung der DDR in Übereinstimmung mit dem Völkerrecht die Staatsbürgerschaft der DDR entstanden sei. Sie sei Ausdruck der Souveränität der DDR und trage zur „weiteren allseitigen Stärkung des sozialistischen Staates bei". Obwohl die Präambel in Gestalt einer Deklaration abgefaßt ist, entbehrt sie nicht eines konstitutiven Charakters. Denn mit ihr hat sich der Gesetzgeber für das Entstehen der Staatsbürgerschaft mit dem Zeitpunkt der Gründung der DDR entschieden[78].

Es sei bemerkt, daß einige DDR-Autoren versuchen, dem Ausdruck „Staatsbürgerschaft" gegenüber dem herkömmlichen „Staatsangehörigkeit" eine besondere Bedeutung beizumessen. Einmal wird behauptet, aus dem Begriff „Staatsangehörigkeit" werde das Entscheidende der Staatsbürgerschaft, ihr Klassencharakter, eliminiert[79]; andere Autoren meinen, im Begriff Staatsbürgerschaft komme zum Ausdruck, daß der Bürger der DDR dem Staat nicht nur angehört, vielmehr als aktiver Staatsbürger seinen Staat mitgestaltet und mitregiert[80]. Mit Makarov

---

[74] VOBl der Prov.Verw. Mark Brandenburg 1946, S. 30.

[75] Riege, Notwendigkeit und Inhalt eines Gesetzes über die Staatsbürgerschaft der DDR, ferner: Staatsbürgerschaft und nationale Frage.

[76] Zit. bei Martin Posch, Habilitationsverteidigung zum Thema: Staatsbürgerschaftsgesetz der DDR, StuR 64, S. 1968.

[77] GBl 1967 I, 3.

[78] Vgl. die ausführliche Darstellung bei Mampel, Kommentar DDRVerf, S. 531.

[79] Riege, Staatsbürgerschaft und nationale Frage, S. 56 ff.

[80] Verfassung der Deutschen Demokratischen Republik — Dokumente, Kommentar Bd. 2, hrsg. v. Klaus Sorgenicht, Wolfgang Weichelt, Tord Riemann, Hans-Joachim Semler, S. 26.

ist freilich zu fragen, warum der Terminus „Staatsbürgerschaft“, der übrigens auch im österreichischen und schweizerischen Recht statt der „StA“ verwendet wird, diesen Klassencharakter nicht eliminieren soll[81]. Eine Begründung für diese Ansicht wird jedenfalls nicht erbracht. Letztlich sind wohl beide Bezeichnungen als Synonyme anzusehen (s. unten Kap. B I 3).

Das Staatsbürgerschaftsgesetz der DDR, welches gem. § 19 Ziff. 2 das Reichs- und Staatsangehörigkeitsgesetz vom 22. Juli 1913 ausdrücklich außer Kraft gesetzt hat, erklärt alle deutschen Staatsangehörigen, die am 7. Oktober 1949, dem Tag der Konstituierung der DDR dort ihren Wohnsitz oder ständigen Aufenthalt hatten, zu Staatsbürgern der DDR. Da es nach diesem Gesetz einen Verlust der Staatsbürgerschaft nur im Fall von Entlassung, Widerruf oder Aberkennung geben sollte, wären alle Deutschen, welche die DDR nach dem Oktober 1949 verlassen haben, als Staatsbürger der DDR in Anspruch genommen. Auch die Abkömmlinge dieser Personen würden als DDR-Bürger angesehen, selbst wenn nur ein Elternteil die Staatsbürgerschaft der DDR besitzt. Die Zahl der in die Bundesrepublik Geflohenen beträgt 4,3 Millionen[82]. Die Ausdehnung der Personalhoheit der DDR auf eine derartig hohe Anzahl von Einwohnern der Bundesrepublik stieß auf Bedenken. Die DDR hatte 18 Jahre lang mit der Regelung einer eigenen StA gewartet und war selbst vom Fortbestand der gesamtdeutschen StA ausgegangen. Eine rückwirkende Einbeziehung des abgewanderten Personenkreises hätte sich völkerrechtlich als ein „venire contra factum proprium“ darstellen können, zumal es den betroffenen außerhalb des Geltungsbereichs des Staatsbürgerschaftsgesetzes lebenden Personen nicht erkennbar war, daß die DDR sie später als Angehörige in Anspruch nehmen würde. Um die völkerrechtlichen Bedenken, denen das Aufdrängen einer rückwirkenden StA ohne Einräumung eines Optionsrechts vor allem im Westen begegnete[83] auszuräumen, wurde in dem „Gesetz zur Regelung von Fragen der Staatsbürgerschaft“ vom 17. 10. 1972[84] festgelegt, daß Bürger der DDR, die vor dem 1. 1. 1972 „unter Verletzung der Gesetze des Arbeiter- und Bauern-Staates“ die DDR verlassen und ihren Wohnsitz dort nicht wieder genommen haben, die Staatsbürgerschaft der DDR verlieren[85].

Aber auch nach dem Erlaß des Staatsbürgerschaftsgesetzes (im folgenden: StBG) galt formal Art. 1 der Verfassung von 1949 noch über

---

81 Makarov, Kommentar, S. 24.

82 Vgl. Hacker: Im Gestrüpp der Spaltung Bundesrepublik/DDR.

83 Tiemann, S. 80.

84 GBl I S. 265.

85 Damit sollte wohl auch der Bundesrepublik beim Abschluß des Grundvertrages entgegengekommen werden.

ein Jahr weiter („es gibt nur eine deutsche Staatsangehörigkeit"). Die DDR-Verfassung vom 6. April 1968[86] holte schließlich das Fehlende nach. Sie statuiert in Art. 19 Ziff. 4: „Die Bedingungen für den Erwerb und Verlust der Staatsbürgerschaft der Deutschen Demokratischen Republik werden durch Gesetz bestimmt." Der Begriff „deutsche Staatsangehörigkeit" war damit aus dem Recht der DDR verschwunden.

d) In Berlin

Der Vollständigkeit halber ist auch die Lage Berlins zu schildern. Mit der Fortgeltung alten Reichsrechts[87] hat das RuStAG — und damit die einheitliche deutsche StA — auch in Berlin den Zusammenbruch des Jahres 1945 überdauert. Die vorläufige Verfassung von Groß-Berlin vom 13. 8. 1946[88] spricht von deutschen „Bürgern von Groß-Berlin" (Art. 2). Nach der administrativen Spaltung der Stadt im Jahre 1948 änderte sich auch hieran zunächst nichts.

α) Berlin (West)

Die Verfassung (West-)Berlins vom 1. 9. 1950[89] spricht von den Bürgern Berlins als „der Gesamtheit der deutschen Staatsangehörigen, die ihren Wohnsitz in Berlin haben" (Art. 2). Gem. Art. 48 BlnVerf gilt Reichsrecht — und damit das RuStAG — fort, sofern es nicht vom Abgeordnetenhaus geändert wird. Die Änderungen des bundesdeutschen Gesetzgebers im StA.-Recht gelten gem. einem Transformationsakt des Berliner Landesgesetzgebers auch in Berlin (West)[90], der damit den Anweisungen der Alliierten Kommandantur vom 5. Mai 1955 Rechnung trug[91]. Die Übernahme des StA.-Rechts der Bundesrepublik ist also von den Drei Hohen Kommissaren ausdrücklich gebilligt worden (vgl. Fußn. 99). Unbeschadet der in der neueren Literatur erörterten Frage, ob es eine separate StA der Berliner gibt[92] ist jedenfalls festzustellen, daß in

[86] GBl I S. 199.

[87] Altes Reichsrecht galt fort, sofern es nicht nationalsozialistischem Gedankengut entsprang: Geleitwort des Verordn.-Blatts der Stadt Berlin, 10. Juni 1945 (VOBl Berlin 1. Jg. 1945 S. 1).

[88] VOBl Berlin 1946, 294.

[89] VOBl für Groß-Berlin I, 433.

[90] Das erste StARegG v. 22. 2. 1955 (BGBl I, 65) ist in Berlin durch Gesetz vom 8. 6. 56 (GVBl S. 222), das 2. StARegG v. 17. 5. 56 ist durch Gesetz vom 8. 6. 56 (GVBl S. 630) übernommen worden.

[91] Bln GVBl 1955, S. 335 ff., Abschn. IV; zuvor schon so Schreiben der drei Hohen Komm. an den Bundeskanzler über die Ausübung des den Drei Mächten vorbehaltenen Rechts in bezug auf Berlin v. 26. 5. 1952 (i. d. F. d. Schreibens X v. 23. 10. 1954 [BGBl 1955 II, 500]).

[92] Grawert, Die Staatsangehörigkeit der Berliner, S. 289 ff.; Ipsen, Die Staatsangehörigkeit der Bürger West-Berlins, S. 266 ff.

Berlin (West) bis zum heutigen Tag das gleiche StA.-Recht wie in der Bundesrepublik Deutschland gilt und damit auch an einer einheitlichen deutschen StA festgehalten wird.

β) Berlin (Ost)

Auch in Ostberlin galt nach der Spaltung der Stadt das RuStAG bis 1967 fort. Das StBG der DDR vom 20. Februar 1967 bedurfte zu seiner Geltung in Ostberlin — wie alle gesetzgeberischen Akte der DDR-Volkskammer — einer Umsetzung durch Verordnung zur Übernahme des Gesetzes über die Staatsbürgerschaft der DDR vom 17. 3. 1967[93]. Seither existiert also auch in Ostberlin die separate DDR-Staatsbürgerschaft.

3. Ergebnis

Es ist also festzuhalten, daß es in Deutschland derzeit zwei StAen gibt: einmal die *deutsche Staatsangehörigkeit* für die Bewohner der Bundesrepublik und Westberlins nach dem Grundgesetz, geregelt im RuStAG von 1913; nach Ansicht westdeutscher Behörden bis heute auch die StA der übrigen Deutschen, namentlich in der DDR; zum anderen die *DDR-Staatsbürgerschaft*. Von ihr werden im wesentlichen die dort lebenden Deutschen — aber nach Maßgabe der Regelung von 1972 auch solche, die nach dem 1. 1. 1972 aus der DDR geflohen sind — erfaßt. Außerdem existiert in der Bundesrepublik noch der Status des „Deutschen" gemäß Art. 116 I GG.

In der *DDR* ist nach dem Willen des dortigen Gesetzgebers mit der Aufhebung des RuStAG auch die einheitliche deutsche StA aufgehoben[94]. Aus der Sicht der DDR wird die Reklamation ihrer Einwohner als „Deutsche" durch die Bundesrepublik als „juristische Aggression" aufgefaßt[95].

Für die *Bundesrepublik* stellt sich die Frage, wie die DDR-Staatsbürgerschaft zu bewerten ist, in welchem Verhältnis sie zur deutschen StA steht. Abgesehen von der staats- und völkerrechtlichen Problematik des Komplexes treten bereits praktische Schwierigkeiten auf, die aus der Kollision zweier StA.-Rechte in Deutschland erwachsen. Sie beziehen sich in erster Linie auf die Erwerbsgründe der Angehörigkeit. In allen Fällen nämlich, in denen die Erwerbsgründe der StA nach

---

[93] VOBl für Groß-Berlin I, S. 345.

[94] a. A. Tiemann, der darauf abstellt, daß das Gesetz die deutsche StA nicht als erloschen bezeichnet, sondern lediglich bestimmt, daß das RuStAG mit seiner Verkündung außer Kraft tritt. Dem steht allerdings der Wortlaut der Präambel des StBG entgegen.

[95] Zuletzt Riege, Völkerrechtliche Beziehungen und Staatsbürgerschaft, S. 382 ff.

dem StBG sich nicht mit der in der Bundesrepublik praktizierten Fassung des RuStAG decken, würde eine DDR-Staatsbürgerschaft in Mitteldeutschland entstehen, nicht aber eine für die Bundesrepublik rechtswirksame StA.

Problematisch ist die in § 7 Abs. 1 StBG vorgesehene Verleihung der Staatsbürgerschaft auf Antrag, wenn sich der Bewerber „durch sein persönliches Verhalten und seine Einstellung zur Staats- und Gesellschaftsordnung der DDR dieser Verleihung als würdig" erweist. Wäre eine solche Person auch nach Rechtsansicht der Bundesrepublik ein Deutscher geworden? Dem mag der westliche ordre public entgegenstehen. Eine solche Einbürgerung kann nur dann Anerkennung in der Bundesrepublik finden, wenn die Voraussetzungen des § 8 RuStAG vorliegen. Weiterhin inkongruent ist die Bestimmung des § 6 Abs. 1 StBG, nach der ein auf dem Territorium der DDR geborenes Kind die Staatsbürgerschaft der DDR dann erwirbt, wenn es durch seine Geburt keine andere StA erlangt hat. Eine so weitgehende Ausdehnung des ius soli ist dem RuStAG unbekannt. Auch die Beschränkung der Verleihung der Staatsbürgerschaft an die Eltern unter Ausschluß der automatischen Erstreckung auf minderjährige Kinder (§ 8 StBG) entspricht nicht der Regelung des RuStAG, das eine normative Einbeziehung der Einbürgerung derjenigen Kinder statuiert, deren gesetzliche Vertretung dem Eingebürgerten kraft elterlicher Gewalt zusteht (§ 16 II RuStAG). Ein weiterer Unterschied, nämlich der, daß Kinder mit der Geburt die Staatsbürgerschaft der DDR erwerben, wenn die Eltern oder ein Elternteil (auch der Vater des außerehelich Geborenen) ist von Seiten der Bundesrepublik durch das RuStÄndG 1974 beseitigt worden[96]. Es ist aber auch darauf hinzuweisen, daß in der Praxis trotz der Bestimmungen des StBG von 1967 Übersiedler aus der Bundesrepublik unter Aushändigung des für Bürger der DDR bestimmten Personalausweises als Inländer registriert werden und nicht der förmlichen Einbürgerung bedürfen[97].

Das Problem des Verhältnisses der beiden deutschen StAn stellt sich als letzter großer unbereinigter Restkomplex dar, den der II. Weltkrieg mitsamt seinen Folgen auf dem Gebiet der StA hinterlassen hat. Nationalsozialistische Unrechtsmaßnahmen und kriegsbedingte StA.-Wechsel sind teils durch alliierte Gesetzgebung, teils durch deutsche Rechtsakte außer Kraft gesetzt bzw. für ungültig erklärt worden. Durch Regelungsgesetze und Staatsverträge sind die Kriegsfolgen auf sta.-rechtlichem Gebiet im Osten wie im Westen weitgehend bereinigt wor-

---

[96] Vgl. dazu die (freilich teilweise überholte) Zusammenstellung in: Bericht, S. 29 - 31.

[97] Vgl. Stichwort „Übersiedler" im DDR-Handbuch, hrsg. vom Bundesministerium für innerdeutsche Beziehungen.

den. So drängt sich die Frage auf, ob und inwieweit derartige Regelungen auch im Hinblick auf die DDR angewendet werden könnten oder aber zumindest ein Modell abgeben. Hierbei liegt es nahe, an die „Österreicher-Regelung" zu denken. Wie oben (Kap. A I 2 b β) geschildert, ist das BVerfG seinerzeit[98] von dem völkerrechtlichen Grundsatz ausgegangen, daß jeder Staat grundsätzlich allein berufen ist, nach seinem Ermessen zu bestimmen, wie seine StA erworben und verloren wird. Nach einem Zeitraum der Unklarheit, der durch unterschiedliche Rspr.[99] und Verwaltungspraxis gekennzeichnet war, hat das BVerfG im Jahre 1955 betont, daß dem Staate Österreich sein Staatsvolk nicht vorenthalten werden dürfte[100]. Es ist dabei im wesentlichen dem Plädoyer Erich Kaufmanns[101] gefolgt. Kaufmann hatte unterstrichen, daß es sehr wohl völkerrechtliche Normen für Gebietsveränderungen gäbe, freilich unterschiedliche Normen je nach den verschiedenen Arten der Gebietsveränderungen, in dem Sinne, daß es aus der „besonderen Natur" der verschiedenen Arten fließende Normen gebe, die maßgebend seien, sofern nicht von diesen Normen abweichende oder sie modifizierende Normen besonders vertraglich vereinbart würden[102]. Bei einer Separation oder Losreißung würden die auf dem Staatsgebiet des neuen Staates wohnenden Personen die StA des neuen Staates erwerben, wobei ihnen jedoch ein Optionsrecht zugunsten der alten StA gewährt werden müßte, ebenso den Personen, die im alten Staatsgebiet wohnen, ein Optionsrecht zugunsten der neuen StA. Hinsichtlich der Österreicher-Frage (Wiederentstehung eines untergegangenen Staates) meinte Kaufmann, daß sich aus „der Natur der Sache" eine Rechtsnorm ergebe, wonach auch hier ein StA.-wechsel ipso facto eintrete. Den Gedanken, daß sich aus „der Natur der Sache" völkerrechtliche Konsequenzen ergeben, hat das BVerfG in seiner damaligen Entscheidung aufgenommen, wenn es davon spricht, daß sich im besonders gearteten Falle Österreichs, der Wiederherstellung des status quo ante „folgerecht ergäbe, daß dem in seinen alten Grenzen wiedererrichteten Staate Österreich sein früheres Staatsvolk nicht vorenthalten werden dürfte"[103].

Die vom BVerfG in dem zitierten Urteil wie von Kaufmann angeregte Optionsmöglichkeit für die nach 1945 in Deutschland verbliebenen Österreicher ist durch das 2. StA.-Regelungsgesetz von 1956 realisiert worden. Das Österreicher-Problem ist damit bereinigt worden. Sicherlich kann der seinerzeit eingeschlagene Lösungsweg nicht auf das Ver-

---

98 Beschluß v. 28. 5. 1952, BVerfGE 1, 322.

99 Vor allem BVerwGE 1, 206.

100 BVerfGE 4, 322.

101 Die Staatsangehörigkeit der Österreicher, S. 438.

102 Kaufmann, S. 442.

103 BVerfGE 4, 328 f.

hältnis zur DDR angewandt werden. Die DDR hatte es zuvor nicht gegeben, sie ist ein neuer Staat. Aber haben die seinerzeitigen Ausführungen des BVerfG, daß einem Staat sein Staatsvolk nicht vorenthalten werden dürfte, nicht auch für die DDR Geltung? Das Grundgesetz ist nicht auf das RuStAG fixiert. Es wäre denkbar, durch ein Regelungsgesetz zum RuStAG vorzusehen, daß die deutsche StA der DDR-Einwohner von einem bestimmten Zeitpunkt an als erloschen betrachtet wird. Den DDR-Bürgern, die in die Bundesrepublik kommen, könnten Optionsmöglichkeiten gewährt werden. Einer solchen Regelung stehen indes Schwierigkeiten und Hindernisse entgegen, abgesehen von der Frage, ob sie überhaupt wünschenswert wäre.

II. Der Grundvertrag

Im Gegensatz zu den Abkommen mit anderen Staaten hat der Grundvertrag nämlich eine Klärung sta.-rechtlicher Fragen nicht gebracht. In den Text des Vertrages sind Bestimmungen über die Staatsangehörigkeit — nicht zuletzt wegen des in der Präambel fixierten Dissenses zur nationalen Frage — nicht aufgenommen worden.

1. Die Protokollerklärungen hinsichtlich der Staatsangehörigkeit

Allerdings finden sich im Anhang des Vertragswerks zwei Erklärungen zu Protokoll: Die Bundesrepublik erklärte: „Staatsangehörigkeitsfragen sind durch den Vertrag nicht geregelt worden.“ Die DDR gab zu Protokoll: „Die Deutsche Demokratische Republik geht davon aus, daß der Vertrag eine Regelung der Staatsangehörigkeitsfragen erleichtern wird.“

2. Einzelne Artikel mit möglicher Auswirkung auf die Staatsangehörigkeit

Für die weiteren Erörterungen sind aber nicht nur die genannten Protokollvermerke, sondern auch einige Artikel des Vertrages selbst von Wichtigkeit.

So heißt es in:

Artikel 1

Die Bundesrepublik Deutschland und die Deutsche Demokratische Republik entwickeln normale gutnachbarliche Beziehungen zueinander auf der Grundlage der Gleichberechtigung.

Artikel 2

Die Bundesrepublik Deutschland und die Deutsche Demokratische Republik werden sich von den Zielen und Prinzipien leiten lassen, die in der Charta der Vereinten Nationen niedergelegt sind, insbesondere der souveränen Gleichheit aller Staaten, der Achtung der Unabhängigkeit, Selbständigkeit und territorialen Integrität, dem Selbstbestimmungsrecht, der Wahrung der Menschenrechte und der Nichtdiskriminierung.

Artikel 3

... Sie bekräftigen die Unverletzlichkeit der zwischen ihnen bestehenden Grenzen jetzt und in der Zukunft und verpflichten sich zur uneingeschränkten Achtung ihrer territorialen Integrität.

Artikel 4

Die Bundesrepublik Deutschland und die Deutsche Demokratische Republik gehen davon aus, daß keiner der beiden Staaten den anderen international vertreten oder in seinem Namen handeln kann.

Artikel 6

Die Bundesrepublik Deutschland und die Deutsche Demokratische Republik gehen von dem Grundsatz aus, daß die Hoheitsgewalt jedes der beiden Staaten sich auf sein Staatsgebiet beschränkt. Sie respektieren die Unabhängigkeit und Selbständigkeit jedes der beiden Staaten in seinen inneren und äußeren Angelegenheiten."

Aus den zitierten Artikeln könnten sich, wenn auch nicht direkte, so doch mittelbare Auswirkungen auf Staatsangehörigkeitsfragen ergeben. Gemäß Artikel 7 ist der Vertrag Grundlage für alle weiteren Abkommen mit der DDR. Somit sind die Worte „Gleichberechtigung als Grundlage der Beziehungen" (Art. 1), „souveräne Gleichheit" (Art. 2), „Respekt vor der Unabhängigkeit", die Betonung der „Selbständigkeit in inneren und äußeren Angelegenheiten" (Art. 6) inhaltsbestimmende Grundsätze für alle in Zukunft zu schließenden Regelungen[104]. Auf jeden Fall liegt ein Spannungsverhältnis zwischen Protokollvermerk und den Artikeln des Vertragswerks selbst vor. Man wird der DDR ein gewisses Geschick nicht absprechen können, sich bei der Protokollerklärung nicht gleichfalls wie die Bundesregierung auf einen Dissens in der Staatsangehörigkeitsfrage festgelegt, sondern „die Erwartung, daß der Vertrag eine Regelung der Staatsangehörigkeitsfragen erleichtern wird" ausgesprochen zu haben[105].

III. Das Urteil des Bundesverfassungsgerichts

Einer entsprechenden Entwicklung in den Folgeverträgen hat freilich das Urteil des Bundesverfassungsgerichts im Normenkontrollverfahren zum Grundvertrag[106] — einstweilen — enge Grenzen gesetzt. Das Gericht hat sich auch mit der Staatsangehörigkeitsfrage befaßt und hierzu konkrete Anweisungen an Exekutive und Legislative gegeben,

[104] Vgl. Plädoyer Blumenwitz im Normenkontrollverfahren vor dem BVerfG; abgedruckt bei Cieslar / Hampel / Zeitler, Streit um den Grundvertrag, S. 199.

[105] s. dazu auch zweifelnd Blumenwitz, Die Unberührtheitsklausel in der Deutschlandpolitik, S. 83 (108).

[106] BVerfGE 36, 1.

die aufgrund der Entscheidung des Gerichts an der Bindungswirkung gem. § 31 II BVerfGG teilhaben sollen[107].

1. Die Identität mit dem Reich

Ausgangspunkt der Darlegungen zur StA-Frage ist die Feststellung, daß das Deutsche Reich nicht nur den Zusammenbruch des Jahres 1945 überdauert hat, sondern unbeschadet aller Ereignisse, auch der Gründung von Bundesrepublik und DDR im Jahre 1949, bis heute fortexistiert. In Anlehnung an seine frühere Rspr.[108] bekennt sich das BVerfG zur Identitätsthese, wonach die Bundesrepublik mit dem Deutschen Reich als Staat identisch ist („Mit der Errichtung der Bundesrepublik Deutschland wurde nicht ein neuer westdeutscher Staat gegründet, sondern ein Teil Deutschlands neu organisiert"), allerdings in bezug auf seine räumliche Ausdehnung „teilidentisch". Die DDR gehöre ebenso wie die Bundesrepublik zu Deutschland und könne im Verhältnis zu ihr nicht als Ausland angesehen werden[109].

2. Inter-se-Beziehungen

Aus dem Umstand, daß der Grundvertrag einerseits ein bilateraler Vertrag zwischen zwei Staaten sei, für den die Regeln des Völkerrechts gelten, andererseits aber zwischen zwei Staaten abgeschlossen wurde, die Teile eines noch existierenden, wenn auch handlungsunfähigen gesamtdeutschen Staatswesens seien, folgert das Gericht besondere „inter-se-Beziehungen" zwischen beiden Partnern. Der gesamtdeutsche Rahmen (Fortexistenz des Reichs, die Viermächteverantwortung für Deutschland als Ganzes) ermögliche es, die Beziehungen der beiden Staaten zueinander als staatsrechtlich und im wesentlichen nicht als völkerrechtlich zu qualifizieren[110].

3. Die Aussagen zur Staatsangehörigkeit

Für die StA habe das zur Folge, daß von einer einheitlichen deutschen Staatsangehörigkeit für die Bundesrepublik und die DDR auszugehen sei.

Die Aussagen des Gerichts dazu lauten[111]

---

107 Wenngleich das Recht des BVerfG, sämtliche Gründe des Urteils als „das Urteil tragend" zu bezeichnen (B VI 2) und sie somit der Bindungswirkung gem. § 31 II BVerfGG zu unterwerfen im Schrifttum angezweifelt wird. Vgl. Kewenig, DÖV 73, S. 797; Kriele, „Die Zeit" v. 10. 8. 73; Scheuner, DÖV 73, S. 581 (583) insbes. Oppermann, JZ 73, S. 594.

108 BVerfGE 3, 288 (319 f.); 6, 309 (338, 363).

109 BVerfGE 36, 16/17.

110 BVerfGE 36, 23.

111 BVerfGE 36, 29 - 32.

„Was die Vereinbarkeit des Vertrages mit den grundgesetzlichen Regelungen der Staatsangehörigkeit in Art. 16 und 116 GG angeht, so gilt folgendes: Die Bundesrepublik hat zu Protokoll erklärt: „Staatsangehörigkeitsfragen sind durch den Vertrag nicht geregelt worden."

Aber damit, daß eine Regelung der Staatsangehörigkeitsfragen nicht getroffen worden ist, ist die Frage nicht ausgeräumt, ob der Vertrag nicht Auswirkungen auf die Staatsangehörigkeit iS des Art. 16 und des Art. 116 Abs. I GG hat und welche dieser Auswirkungen im Widerspruch zu den genannten grundgesetzlichen Vorschriften steht. Art. 16 GG geht davon aus, daß die „deutsche Staatsangehörigkeit", die auch in Art. 116 Abs. 1 GG in bezug genommen ist, zugleich die Staatsangehörigkeit der Bundesrepublik Deutschland ist. Deutscher Staatsangehöriger im Sinne des Grundgesetzes ist also nicht nur der Bürger der Bundesrepublik Deutschland. Für die Bundesrepublik Deutschland verliert ein Deutscher diese deutsche Staatsangehörigkeit nicht dadurch, daß sie ein anderer Staat aberkennt. Eine solche Aberkennung darf die Bundesrepublik Deutschland nicht rechtlich anerkennen; sie ist für sie ohne Wirkung. Der Status des Deutschen im Sinne des Grundgesetzes, der die in diesem Grundgesetz statuierte deutsche Staatsangehörigkeit besitzt, darf durch keine Maßnahme, die der Bundesrepublik Deutschland zuzurechnen ist, gemindert oder verkürzt werden. Das folgt aus der mit dem Status des Staatsangehörigen verbundenen Schutzpflicht des Heimatstaates. Dazu gehört insbesondere, daß ein Deutscher, wann immer er in den Schutzbereich der staatlichen Ordnung der Bundesrepublik Deutschland gelangt, — solange er nicht darauf verzichtet — einen Anspruch darauf hat, nach dem Recht der Bundesrepublik Deutschland vor deren Gerichten sein Recht zu suchen. Deshalb hat das Bundesverfassungsgericht auch gegenüber Urteilen von Gerichten der Deutschen Demokratischen Republik, die kein Ausland ist, den ordre public durchgreifen lassen (BVerfG 11, 150, 160). Die weiteren Konsequenzen können hier auf sich beruhen. Jedenfalls: Müßte der Vertrag dahin verstanden werden, daß die Bürger der Deutschen Demokratischen Republik im Geltungsbereich des Grundgesetzes nicht mehr als Deutsche im Sinne des Art. 16 und des Art. 116 Abs. 1 GG behandelt werden dürften, so stünde er eindeutig im Widerspruch zum Grundgesetz. Der Vertrag bedarf daher, um verfassungskonform zu sein, der Auslegung, daß die Deutsche Demokratische Republik auch in dieser Beziehung nach dem Inkrafttreten des Vertrages für die Bundesrepublik Deutschland nicht Ausland geworden ist. Der Vertrag bedarf weiter der Auslegung, daß — unbeschadet jeder Regelung des Staatsangehörigkeitsrechts in der Deutschen Demokratischen Republik — die Bundesrepublik Deutschland jeden Bürger der Deutschen Demokratischen Republik, der in den Schutzbereich der Bundesrepublik und ihrer Verfassung gerät, gemäß Art. 116 Abs. 1 und 16 GG als Deutschen wie jeden Bürger der Bundesrepublik behandelt. Er genießt deshalb, soweit er in den Geltungsbereich des Grundgesetzes gerät, auch den vollen Schutz der Gerichte der Bundesrepublik und alle Garantien der Grundrechte des Grundgesetzes, einschließlich des Grundrechts aus Art. 14 GG. Jede Verkürzung des verfassungsrechtlichen Schutzes, den das Grundgesetz gewährt, durch den Vertrag oder eine Vereinbarung zur Ausfüllung des Vertrages, wäre grundgesetzwidrig.

7. Aus der dargelegten besonderen Natur des Vertrags folgt, daß der Vertrag auch nicht unvereinbar ist mit der nach dem Grundgesetz der Bundesregierung aufgegebenen Pflicht, allen Deutschen im Sinne des Art. 116

Abs. 1 GG Schutz und Fürsorge angedeihen zu lassen. Sie ist nach wie vor befugt, innerhalb des Geltungsbereichs des Grundgesetzes, durch alle ihre diplomatischen Vertretungen und in allen internationalen Gremien, deren Mitglied sie ist, ihre Stimme zu erheben, ihren Einfluß geltend zu machen und einzutreten für die Interessen der deutschen Nation, zum Schutz der Deutschen im Sinne des Art. 116 Abs. 1 GG und Hilfe zu leisten auch jedem Einzelnen von ihnen, der sich an eine Dienststelle der Bundesrepublik Deutschland wendet mit der Bitte um wirksame Unterstützung in der Verteidigung seiner Rechte, insbesondere seiner Grundrechte. Hier gibt es für die Bundesrepublik Deutschland auch künftig keinen rechtlichen Unterschied zwischen den Bürgern der Bundesrepublik Deutschland und „den anderen Deutschen". Das Eigentümliche dieses Vertrages liegt gerade darin, daß er selbst als „Grundlagenvertrag" neben den Rechtsgrundlagen, die schon vorher das rechtlich besondere Verhältnis zwischen Bundesrepublik Deutschland und Deutscher Demokratischer Republik begründet haben — die Rechtslage des nicht untergegangenen, aber nicht organisierten Gesamtdeutschlands und die Viermächte-Verantwortung für dieses Deutschland als Ganzes — eine zusätzliche neue Rechtsgrundlage bildet, die die beiden Staaten in Deutschland enger als normale völkerrechtliche Verträge zwischen zwei Staaten aneinander binden."

4. Die Problemlage nach dem Urteil

a) Westliche Kritik

Der Spruch wirft eine Fülle von Problemen auf, die auch die Staatsangehörigkeitsfrage nicht unberührt lassen. Ausgangspunkt der Kritik[112] ist die vom Gericht definierte Rechtslage Deutschlands. Folgende Theorien habe es durcheinander gebracht:

1. *Die Identitätstheorie* — Nach ihr ist das Deutsche Reich nicht untergegangen. Es besteht in Form der Bundesrepublik fort. Die Bundesrepublik ist das Reich.

2. *Die Dachtheorie* — Sie lautet kurzgefaßt: Das Deutsche Reich ist zwar handlungsunfähig, aber es besteht fort. Es wölbt sich „wie ein Dach" über den beiden deutschen Staaten, die beide Staatsgewalt ausüben.

Staatsrechtlich gesehen, sei die Rechtslage Deutschlands durch das Urteil mehr verwirrt denn geklärt worden. Zur reinen Identitätstheorie habe sich das Gericht nicht mehr durchringen können. Deshalb habe es Elemente der Dachtheorie („Die Bundesrepublik umfaßt also, was ihr Staatsvolk und ihr Staatsgebiet anlangt, nicht das ganze Deutschland ... Die Deutsche Demokratische Republik gehört zu Deutsch-

[112] Scheuner, DÖV 1973, S. 581 ff.; Kimminich, DVBl 1973, S. 657 ff.; Oppermann, JZ 1973, S. 549 ff.; Kewenig, DÖV 1973, S. 797 ff. und Europa-Archiv 1974, S. 71 ff.; Tomuschat, DÖV 1973, S. 801 ff.; Kirn, ZRP 1974, S. 84 ff.; Simma, AöR Bd. 100 (1975), S. 4; Frowein, Politik und Kultur 3/4 1975, S. 3 (6); Rumpf, ZfP 1975, S. 111.

land ...[113]") mit der Identitätstheorie vermengt („Die Bundesrepublik ist als Staat identisch mit dem Staat Deutsches Reich"). Das Ergebnis dieser Mischung, die „Teilidentität", wird in dem Urteil folgendermaßen erläutert:

> „Die Bundesrepublik Deutschland ist also nicht „Rechtsnachfolger" des Deutschen Reiches, sondern als Staat identisch mit dem Staat „Deutsches Reich", — in bezug auf seine räumliche Ausdehnung allerdings „teilidentisch", so daß insoweit die Identität keine Ausschließlichkeit beansprucht[114]."

Eine solche Teilidentität ist freilich schon rein begrifflich nicht möglich. Ein staatliches Gebilde, welches Identität mit einem anderen Gebilde beansprucht, kann nicht gleichzeitig nur ein Teil des anderen sein — entweder es ist gleich oder es ist ein Teil, beides gleichzeitig kann es jedenfalls nicht sein. Diese durch das Gericht vorgenommene Vermengung beider Theorien ist daher von Scheuner zu Recht als „unbekömmlicher begrifflicher Brei" charakterisiert worden[115].

Tatsächlich ist die Lehre von der Teilidentität nur zu begreifen als Ergebnis der Bemühungen des Gerichts, einerseits an seiner früheren Rechtsprechung zur rechtlichen Lage Deutschlands (E 2, 266, 277; 5, 85, 126; 6, 309, 336, 338, 363) festzuhalten, andererseits den veränderten politischen Umständen Rechnung zu tragen. Im „Notaufnahmeurteil" vom 7. 5. 1953 (E 2, 277) hatte es geheißen: „Die Bundesrepublik Deutschland als der berufene und allein handlungsfähige Teil Gesamtdeutschlands, der staatlich wieder organisiert werden konnte ... hat zugleich den Anspruch auf Wiederherstellung einer umfassenden deutschen Staatsgewalt gerechtfertigt und sich selbst als die Staatsorganisation des Gesamtstaats legitimiert, die bisher allein in Freiheit wieder errichtet werden konnte." Im „KPD-Urteil" vom 17. 8. 1956 (E 5, 85, 127) wurde die Staatsordnung der Bundesrepublik als „Ausübung gesamtdeutscher Staatsgewalt auf einem räumlich zunächst beschränkten Gebiet" bezeichnet. Im Konkordatsurteil vom 26. 3. 1957 (E 6, 309, 338) hieß es: „Wenn auch die durch das GG geschaffene Organisation vorläufig in ihrer Geltung auf einen Teil des Reichsgebiets beschränkt ist, so ist doch die Bundesrepublik identisch mit dem Deutschen Reich."

Die genannten Entscheidungen deuten zwar eher in Richtung auf eine Identitätsauffassung, sie bringen jedoch auch zum Ausdruck, daß die Bundesrepublik nicht das gesamte Deutsche Reich darstellt. Aber die Identitätsvorstellung des BVerfG, in den Urteilen der fünfziger Jahre formuliert, dürfte in der „Staatskernlehre" begründet sein, die wiederum nach Abschluß des Grundvertrages nicht mehr haltbar

---

[113] BVerfGE 36, 1 (16/17).

[114] BVerfGE 36, 16.

[115] Scheuner, DÖV 1973, S. 583.

war (vgl. dazu eingehend unten E II 1 a). Nach dieser Lehre war allein die Bundesrepublik berechtigt und verpflichtet, Deutschland zu vertreten. Lediglich aufgrund machtpolitischer Gegebenheiten war es ihr verwehrt, ihre Staatsgewalt über den Geltungsbereich des GG hinaus auszudehnen. Diese Staatskernlehre hat jedoch letztlich mit der Anerkennung der Staatlichkeit der DDR durch den Grundvertrag ihr Fundament verloren. Wollte das BVerfG den Grundvertrag für mit dem GG vereinbar erklären, so konnte es sich zu dieser Identität nicht mehr bekennen. Den Ausweg aus dem Dilemma sollte die „Teilidentität" bringen. Auf der Strecke blieb dabei — abgesehen von dem unklaren Staatsbild der Bundesrepublik — einmal Reich, einmal nur Teil des Reiches — eine klare Definition der Stellung der DDR zur Bundesrepublik einerseits, zu dem als fortbestehend angenommenen Reich andererseits.

Gravierender sind die *völkerrechtlichen* Bedenken, denen der Spruch begegnet. Auch sie finden ihren Ursprung in der Vorstellung eines fortbestehenden ideellen Gesamtverbandes. Das Gericht habe die auf der Ebene des Völkerrechts entstandene Lage in Deutschland völlig außer acht gelassen[116]. Besonders bedenklich sei der vom Gericht fixierte rechtliche Doppelcharakter des Vertrages, der einerseits als staatsrechtlicher Vertrag, andererseits als völkerrechtlicher qualifiziert wird. Für einen derartigen Doppelcharakter mangele es an der entsprechenden Absprache; im Gegenteil: Art. 3 und 6 sprächen dem Wortlaut nach eindeutig für einen völkerrechtlichen Charakter[117]. In Frage gestellt wird auch die Qualifizierung der Beziehungen zwischen beiden Staaten als staatsrechtliche, „besondere" „inter-se"-Beziehungen. Hierfür fehle es gleichfalls am Konsens der DDR, welche besondere Beziehungen strikt ablehne. Für die Existenz solcher Beziehungen sei immer das Einverständnis beider Partner erforderlich, keinesfalls könnten sie dem Anderen gegen dessen Willen aufgezwungen werden. Ferner trifft das Gericht der Vorwurf, mit der Qualifizierung der Grenze zwischen Bundesrepublik und DDR als „staatsrechtlich", sogar als „ähnlich der, wie sie zwischen den Ländern der Bundesrepublik verläuft" völlig an der Wirklichkeit vorbei argumentiert zu haben. Eine solche Qualifizierung sei völkerrechtlich schlechthin unzulässig; sie verstoße gegen den Inhalt des Grundvertrages.

Erstaunlicherweise finden die Ausführungen des Gerichts zur StA von denselben Kritikern Zustimmung. Scheuner[118] nennt sie auf dem Hintergrund der vorher geübten Kritik eine „gut abgewogene Stellungnahme". Beides — Kritik und Zustimmung — paßt jedoch nicht

---

116 Tomuschat, DÖV 1973, S. 801.

117 Scheuner, DÖV 1973, S. 583.

118 Scheuner, ebd., S. 584.

recht zueinander. Der Komplex der Staatsangehörigkeit ist auf das Engste mit der Beantwortung der Frage nach dem Schicksal des Deutschen Reiches verknüpft: Eine Klärung der deutschen StA ist von einer Klärung der staats- und völkerrechtlichen Lage Deutschlands heute nicht zu trennen.

b) Östliche Kritik

Kritik an dem durch das Urteil bestärkten Festhalten an einer deutschen StA wurde wie erwartet aus der DDR laut. Sie äußert sich in folgenden Punkten: Die These, daß das Reich bis zum heutigen Tag fortdauere, wird zurückgewiesen[119]. Damit wird an der seit Mitte der fünfziger Jahre in der DDR aufgestellten Behauptung, daß das Reich entweder durch die bedingungslose Kapitulation des Jahres 1945 oder aber später durch Gründung von Bundesrepublik und DDR untergegangen sei, festgehalten. Konsequenz dieses Umstandes ist das Zwei-Staaten-Modell. Nach ihm sind auf dem Gebiet des untergegangenen Reiches zwei neue Staaten entstanden, BRD und DDR. Diese beiden Staaten sind — jeder für sich — Rechtsnachfolger des Deutschen Reiches, nicht mehr und nicht weniger. In ihrem Verhältnis zueinander stehen sich beide Staaten wie zwei selbständige und voneinander unabhängige Völkerrechtssubjekte gegenüber[120]. Nach dem Zwei-Staaten-Modell könne es keine gemeinsame deutsche StA geben. Bundesrepublik und DDR seien zwei völlig separate Staaten mit allen entsprechenden Rechten und Pflichten. Dazu gehöre auch das Recht eines jeden Staates seine StA selbst zu regeln. Mehr noch: die konkret bestehende Staatlichkeit habe, so Riege, in der Staatsbürgerschaft eine ihrer wichtigsten Äußerungsformen[121].

Auch die Einheit der Nation wird von Riege geleugnet[122]. Um ganz sicher zu gehen, konstatiert Riege aber noch, daß es keine direkte Abhängigkeit zwischen Nation und Staatsbürgerschaft gebe. Die Staatsbürgerschaft habe ihre Bezugsgröße im Staat, nicht in der Nation. Real bestehende Nationen, so fährt er fort, können in verschiedenen Staatsvölkern organisiert sein, ebenso wie das Beispiel Jugoslawien zeige, daß eine Staatsbürgerschaft Angehörige verschiedener Nationen und Nationalitäten erfasse. Insbesondere kritisiert Riege die vom Bundesverfassungsgericht fixierte Fürsorge- und Schutzpflicht, die auch den

---

119 Riege, Völkerrechtliche Beziehungen und Staatsbürgerschaft, S. 385.

120 Vgl. Erklärung der Regierung der DDR vor der Volkskammer vom 29. 8. 1956, abgedruckt in Ingo v. Münch, Dokumente S. 426.

121 Riege, S. 393.

122 Riege griff damit der Verfassungsänderung vom Herbst vor, welche den Begriff deutsche Nation aus der DDR-Verfassung tilgte. Im Dezember 1974 sprach Honecker vor dem ZK der SED jedoch schon wieder von der gemeinsamen deutschen Nationalität; vgl. Neues Deutschland v. 13. 12. 1974.

bundesdeutschen Auslandsvertretungen das Recht und die Pflicht zuspricht, allen „Deutschen“ — also auch denen aus der DDR — auf deren Bitte Schutz zu gewähren: kein Staat sei berechtigt, sich gegenüber Bürgern eines anderen Staates ein Schutzrecht anzumaßen. Sofern er es tue, verstoße er gegen das Prinzip der souveränen Gleichheit der Staaten und mache sich eines Interventionsaktes schuldig.

Der Hauptvorwurf, der von Riege erhoben wird, lautet daher: Das Aufrechterhalten der gesamtdeutschen StA bedeutet ein Überschreiten des Jurisdiktionsbereiches der Bundesrepublik; das Festhalten an ihr sei „juristische Aggression“. Eine Antwort auf die Frage, ob und unter welchen Umständen das Festhalten an einer gemeinsamen deutschen StA zulässig ist, erfordert eine eingehende Prüfung des Begriffs „Staatsangehörigkeit“ sowohl in staats- wie in völkerrechtlicher Hinsicht.

B. Begriff, rechtliche Natur und Arten der rechtlichen Gestaltung der Staatsangehörigkeit

I. Der Begriff der Staatsangehörigkeit

1. Allgemein

StA ist, allgemein gesehen, eine rechtliche Eigenschaft, nämlich die Mitgliedschaft in einem Staat. Sie wird auch als ein Rechtsverhältnis zwischen dem Staat und den ihm zugehörigen Personen betrachtet[1]. Erwerb und Verlust der Eigenschaft eines StAng werden grundsätzlich durch *innerstaatliche* Rechtsvorschriften geregelt. Das StA.-Recht ist darum in erster Linie *nationales* Recht. Das innerstaatliche Recht knüpft an den Status des StAng eine Reihe von Rechten und Pflichten der Einzelperson an. Das innerstaatliche Recht findet jedoch seine Begrenzung durch die Vorschriften des *Völkerrechts,* das den Staaten gewisse Schranken ihrer Regelungsbefugnis auf dem Gebiet des StA.-Rechts setzt[2]. So ist jeder Staat völkerrechtlich nur zum Erlaß von Rechtsvorschriften über den Erwerb und Verlust seiner eigenen StA befugt. Da jeder Staat nur seine eigene StA regeln darf, ist für die Feststellung der StA einer Person die Rechtsordnung desjenigen Staates zuständig, um dessen StAnge es sich handelt. Als eine Schranke ist der aus der völkerrechtlichen Abgrenzung der einzelstaatlichen Zuständigkeit abgeleitete Grundsatz zu nennen, nach welchem kein Staat seine StA denjenigen Personen aufzwingen darf, die keine einzige Anknüpfung an seine Rechtsordnung aufweisen können[3]. Die StA wird also in der Regel durch innerstaatliche Rechtsvorschriften geregelt. Es wird aber auch die Ansicht vertreten, daß es neben dem im innerstaatlichen Recht geregelten StA.-Status auch einen im Völkerrecht verankerten Begriff der StA gebe. Diese Ansicht wird vor allem von Weis, van Panhuys und Wengler vertreten.

So meint Weis[4], daß es vom Standpunkt des innerstaatlichen Rechts keinen einheitlichen Begriff der StA gebe, sondern so viele Begriffe wie innerstaatliche Rechtsordnungen. Auch van Panhuys[5] unterscheidet die

---

[1] Makarov, Kommentar, S. 13.

[2] Makarov, Lehren, S. 58.

[3] Makarov, Kommentar, S. 1; s. dazu auch unten Kapitel C I.

[4] Weis, S. 239.

[5] van Panhuys, S. 38.

StA nach einem innerstaatlichen und einem völkerrechtlichen Begriff. Dabei müßten die völkerrechtlich relevanten Regeln der StA im Völkerrecht selbst gesucht werden. Nach Wengler[6] sind die innerstaatlichen StA.-Regelungen Ausübung einer im allgemeinen Völkergewohnheitsrecht wurzelnden Ermächtigung. Danach sind die auf Grund dieser Ermächtigung erlassenen Rechtsvorschriften inhaltlich Völkerrecht, nicht innerstaatliches Recht.

Es ist jedoch Makarov[7] zu folgen, der schlüssig nachweist, daß sedes materiae der Regelung des Erwerbes und Verlustes der StA seit über 150 Jahren und heute noch das innerstaatliche Recht ist. Das Völkerrecht knüpft gewisse Rechtsfolgen an die durch das innerstaatliche Recht geregelte StA, genauso wie es das innerstaatliche Recht tut. Der einheitliche Status der StA wird von Makarov auch rechtspolitisch einleuchtend begründet: Mit der Einheitlichkeit des Begriffs werden unerwünschte Ergebnisse der verschiedenen Auffassungen vermieden, die bei der Auslegung des völkerrechtlichen und des innerstaatlichen Begriffs der StA in bezug auf ein und dieselbe Person auftreten können.

2. Funktionell

Neben dem allgemeinen gibt es einen funktionellen StA.-Begriff. Funktionelle StA ist eine StA im Sinne eines bestimmten innerstaatlichen Gesetzes oder eines bestimmten Staatsvertrages; es ist ein von der allgemeinen StA abweichender Status, der nur für bestimmte Zwecke ins Leben gerufen ist[8]. Als Beispiel für die Verwendung des funktionellen StA.-Begriffs sei das deutsch-luxemburgische Abkommen vom 23. August 1958 zur Vermeidung der Doppelbesteuerung[9] zitiert, das folgenden Passus enthält:

„Art. 2 (1)

Soweit sich aus diesem Zusammenhang nichts anderes ergibt, bedeuten für die Zwecke dieses Abkommens:

...

4. Der Begriff „Staatsangehörige“

a) in bezug auf die Bundesrepublik Deutschland alle Deutschen im Sinne des Art. 116 Abs. 1 GG ...“

Hier wird also für die Zwecke des Abkommens eine StA „fingiert“: Art. 116 Abs. 1 GG betrachtet als Deutschen ja nicht nur den deutschen

---

6 Wengler, Betrachtungen zum Begriff der StA, S. 548.

7 Makarov, Lehren S. 11 ff. und „Staatsangehörigkeit“ in Strupp/Schlochauer, Wörterbuch des Völkerrechts.

8 Makarov, Lehren, S. 17.

9 BGBl 1959 II, 1270.

StAng, sondern auch den „Statusdeutschen“. Das Abkommen hat mithin den funktionellen StA.-Begriff verwendet.

3. Terminologische Abgrenzung

Wie schon oben bei der Bezeichnung der DDR-StA als „Staatsbürgerschaft“ erwähnt, existieren gewisse Unklarheiten bei der terminologischen Abgrenzung des StA.-Begriffs, die ihre Ursachen in der unterschiedlichen Deutung der Begriffe Staatsangehörigkeit, Staatsbürgerschaft, Nationalität haben.

a) Staatsbürgerschaft (citizenship, citoyenneté)

Der im Feudalismus übliche Begriff des „Untertan“ (engl. „subject“, franz. „sujet“) wurde im Zeitalter der Aufklärung allmählich durch den Begriff „Bürger“ (engl. „citizen“, franz. „citoyen“) ersetzt[10], wenngleich er auch heute noch, vor allem im englischen Sprachgebrauch, verwendet wird. Der Begriff „Staatsbürger“ kennzeichnet bereits die Ausstattung einer Person mit Rechten und Pflichten, zunächst im innerstaatlichen Bereich. Aus der feudalen Zeit der „Untertanenschaft“ ist im angelsächsischen Bereich der Begriff der „allegiance“ (Treuepflicht) übrig geblieben, der, wie Koessler[11] vermerkt, einen gewissermaßen tautologischen Bestandteil des modernen Staatsangehörigkeitsbegriffs darstellt. Staatsbürgerschaft bedeutet demnach einen auf verfassungsmäßiger Grundlage beruhenden Besitz staatsbürgerlicher Rechte und Pflichten einer Person[12].

b) Staatsangehörigkeit (nationality, nationalité)

„Staatsangehörigkeit“ ist eine Definition des Begriffs „Nationalität“ in seinem ursprünglichen Sinn. Der (französische) Begriff „nationalité“ tauchte zum ersten Male in dem Dictionnaire de l’Académie Française von 1835 auf[13]. Er hat zwei allgemein anerkannte Bedeutungen: einmal bezeichnet er den Status der Zugehörigkeit zu einem Staat, zum anderen die Mitgliedschaft zu einer ethnologischen Gruppe. Die letztere Definition wird im Deutschen gewöhnlich mit „Nationalität“, die erstere mit „Staatsangehörigkeit“ umschrieben.

c) Abgrenzung zur „Nationalität“

Nach *Koessler* beinhaltet die Staatsangehörigkeit noch nicht den Besitz besonderer Rechte oder Pflichten, sondern ist nur ein formeller

10 Koessler, S. 58 (59).
11 Koessler, S. 59.
12 Koessler, S. 63.
13 Koessler, S. 61.

Begriff, eine Bezeichnung für den Status einer Person zu Zwecken der Abgrenzung im Hinblick auf die internationalen Beziehungen zwischen den Staaten[14]. Der Inhalt der Staatsbürgerschaft (citizenship) hingegen bestimmt sich nach dem inneren Staatsrecht. *Jellinek*[15] verwendet die Begriffe „äußere" und „innere" Staatsangehörigkeit. Danach soll die „äußere" StA nur nach außen wirken, also völkerrechtliche Bedeutung haben, während die „innere" vom Staatsrecht der einzelnen Staaten ausgefüllt wird. Die äußere StA soll nur eine Fassade darstellen, die den anderen Staaten anzeigt, wer Untertan des betreffenden Staates ist, ohne etwa Näheres über die Rechtsstellung auszusagen. Die innere StA soll nach Jellinek grundsätzlich völkerrechtlich irrelevant sein, „d. h. jeder Staat kann die staatsrechtliche Stufung seiner Untertanen nach seinem Belieben vornehmen"[16]. Auch *Bauer* meint, daß eine „völkerrechtliche" StA noch keine Rechtspflichten und Rechte im staatsrechtlichen Innenverhältnis bedinge[17]. Zu Recht bemerkt er aber auch, daß in den modernen StA.-Gesetzen beide Begriffe vermengt werden.

Wie erwähnt, wird auch in der Schweiz und in Österreich der Begriff „Staatsbürgerschaft" anstelle von „Staatsangehörigkeit" verwendet. Mit Sicherheit soll sich der Schweizer Bürger durch diese Bezeichnung auch vom StAng anderer Staaten unterscheiden, womit dieser Begriff dem des StAng gegenüber als synonym anzusehen ist. Beide — Staatsbürger und Staatsangehöriger — sind Begriffe, die auch völkerrechtliche Wirksamkeit entfalten. Dieses unterscheidet sie von der „Nationalität", die als ethnologischer Begriff der völkerrechtlichen Relevanz zur Abgrenzung von Angehörigen verschiedener Staaten ermangelt. Angehörige verschiedener Nationen — also ethnischer Gruppen — können aber in einem Staat zusammengeschlossen sein und eine gemeinsame StA besitzen. Dieses ist beispielsweise in der UdSSR der Fall, wo eine allen Sowjetbürgern gemeinsame Unions-StA existiert[18]. Auch gibt es in der UdSSR noch die Bürgerschaft der Gliedrepubliken, wenngleich deren Bedeutung immer geringer werden dürfte[19]. Unabhängig von Unions- und Gliedstaatsangehörigkeit wird aber in dem Vielvölkerstaat Sowjetunion auch die Nationalität, also die ethnische Zugehörigkeit, in der Kennkarte vermerkt[20]. Ebenso ist es umgekehrt, möglich, daß Angehörige einer Nation in verschiedenen Staaten organi-

---

14 Koessler, S. 76.

15 Hansjörg Jellinek, S. 37.

16 Jellinek, S. 37.

17 Bauer, S. 49.

18 Vgl. Gesetz v. 19. 8. 1938 über die Staatsbürgerschaft der UdSSR, abgedruckt in Sammlung Bd. 25, 319 f.

19 Vgl. Sammlung Bd. 25, S. 45 ff.

20 Verordnung über das Paßwesen vom 10. 9. 1940 I 7 c), Sammlung Bd. 25, S. 335 ff.

siert sind (z. B. die Armenier und die Kurden). Ihre Nationalität kennzeichnet ihre Zugehörigkeit zur ethnischen Gruppe, ihre StA bezieht sich auf den Staat, dem sie angehören. Nur die letztere besitzt auch völkerrechtliche Wirksamkeit, jedenfalls in dem oben genannten Sinn der Abgrenzung.

In der DDR ist neuerdings versucht worden[21], auch noch eine weitere Unterscheidung zwischen „Nation" und „Nationalität" vorzunehmen. „Nationalität" soll der weitere, „Nation" der engere Begriff sein. Danach soll die Bevölkerung der DDR zwar der „Nationalität nach deutsch" sein, jedoch eine eigene „DDR-Nation" bilden. Zweck dieser Bemühungen ist offenkundig, die Existenz einer eigenen Nation zu beweisen. Eine solche weitergehende Unterscheidung ist allerdings abwegig. Selbst das „Kleine politische Wörterbuch" der DDR aus dem Jahre 1973 machte solche Unterschiede noch nicht. Dort steht unter „Nationalität" einfach: „Zugehörigkeit eines Menschen zu einer Nation[22]."

II. Rechtliche Natur der Staatsangehörigkeit

Es gibt zwei verschiedene Grundauffassungen zur rechtlichen Natur der StA.

1. Ausgehend von der französischen StA-Literatur wird die StA als ein *Rechtsverhältnis* zwischen Staat und Individuum bezeichnet[23]. Diese Auffassung knüpft an die Vorstellung an, daß sich das Wesen der StA in dem Verhältnis zwischen Untertan und Monarchen erschöpft (im französischen als „lien politique et juridique" bezeichnet).

2. Laband[24] und Jellinek[25] sind die bedeutendsten Vertreter der Ansicht von einer StA als *rechtlicher Eigenschaft*. Diese Auffassung leitet sich einerseits vom Begriff des „Status civitatis" des römischen Rechts, andererseits aus der neueren staatsrechtlichen Theorie, wonach das Individuum die Stellung eines Mitgliedes des eine Gebietskörperschaft bildenden Staates innehat, ab.

3. Eine vermittelnde Position wird von Makarov[26], dem auch hier zu folgen ist, eingenommen. Danach ist die StA ein Rechtsverhältnis zwischen dem Staat und seinen Angehörigen, bei dessen Regelung die

---

[21] Kosing / Schmidt, Nation und Nationalität in der DDR.

[22] Siehe: Joachim Nawrocki, Honeckers innerdeutsche Abgrenzung.

[23] Vor allem: Cogordan, S. 4; aber auch: Ernst Isay, S. 30; weitere Nachweise bei Makarov, Lehren S. 21 - 23, Fußn. 57 - 64.

[24] Laband, S. 140.

[25] G. Jellinek, S. 116 ff.

[26] Makarov, Lehren, S. 27 f.

Eigenschaft der Person als Subjekt dieses Rechtsverhältnisses einen rechtlichen Status dieser Person bildet.

III. Arten der rechtlichen Gestaltung der StA

1. Im Einheitsstaat

Die einfachste denkbare Form der Regelung der StA ist die, daß ein Staat nur eine einzige Angehörigkeit — nämlich die des Staates — kennt. Deren Erwerb und Verlust wird in einem Gesetz des betreffenden Staates geregelt. Dieses ist der Fall vor allem in Einheitsstaaten, so z. B. in Frankreich, wo die einheitliche französische StA durch Abstammung, Geburt, Eheschließung, Einbürgerung usw. erworben wird[27]. Aber auch bei der „einfachen", besser: „einstufigen" StA ist ein weiterer Erwerbsgrund möglich, wie beispielsweise der des Besitzes des Heimatrechts in einer Gemeinde. Eine entsprechende Regelung läßt ansatzweise bereits eine gewisse Zweistufigkeit erkennen. Heute existiert das Gemeindebürgerrecht beispielsweise im Fürstentum Liechtenstein. Es gehört zu den Voraussetzungen des Erwerbs des Landesbürgerrechts[28].

2. In Staatenverbindungen

a) Im Bundesstaat

α) Einstufigkeit

Zunächst einmal ist daran zu denken, daß es auch im Bundesstaat nur eine einzige Angehörigkeit geben mag, nämlich die des Bundes, unter Verzicht eigener Angehörigkeiten der Gliedstaaten. Dieser Zustand existiert de facto in der Bundesrepublik zur Zeit. Südafrika kennt nur noch den „Citizen of the Union", nicht mehr den StAng von Transvaal, Natal usw.[29]. Ebenso ist es in Kanada und Australien[30]. Auch Österreich kennt gem. § 1 des Staatsbürgerschaftsgesetzes von 1965 nur eine Bundesbürgerschaft, behält sich aber die Einrichtung von Landesbürgerschaften, wie sie Art. 6 des Bundesverfassungsgesetzes in der Fassung von 1929 vorsieht, ausdrücklich vor[31].

---

[27] Vgl. Code de nationalité française, completé et modifié par la loi du 9. 1. 1973; abgedruckt in Sammlung Bd. 29 a.

[28] Vgl. § 6 b des Gesetzes über den Erwerb und Verlust des Landesbürgerrechts v. 4. 1. 1934, abgedruckt in Sammlung Bd. 21.

[29] s. Sammlung Bd. 14.

[30] s. Parry, S. 467 u. 529.

[31] Vgl. Goldemund / Ringhofer / Theuer, S. 10 f., 37 ff.

β) Zweistufigkeit

Der zweite im Bundesstaat mögliche Fall ist der von Bundes- *und* Gliedstaatsangehörigkeit. In der Regel wird durch die Gliedstaatsangehörigkeit die Bundesangehörigkeit vermittelt oder die beiden Angehörigkeiten sind auf andere Weise miteinander verknüpft[32]. So gehören beispielsweise in Jugoslawien Bundesangehörigkeit und StA in einer Volksrepublik zusammen, so daß mit dem Erwerb oder Verlust der ersteren auch der Erwerb oder Verlust der letzteren verbunden ist.

Art. 1 des Jugoslawischen StA.-Gesetzes[33] lautet:

„Für die Bürger der Föderativen Volksrepublik Jugoslawien besteht eine einheitliche Bundesangehörigkeit.

Jeder Staatsangehörige einer Volksrepublik ist gleichzeitig Staatsangehöriger der Föderativen Volksrepublik Jugoslawien, und jeder Staatsangehörige der Föderativen Volksrepublik Jugoslawien ist in der Regel Staatsangehöriger einer Volksrepublik.

Ein Staatsangehöriger der Föderativen Volksrepublik Jugoslawien kann die Staatsangehörigkeit nur in einer Volksrepublik besitzen."

Die StA der Volksrepublik resultiert gem. Art. 73 Abs. I aus dem Heimatrecht bzw. der Gemeindezugehörigkeit in der betreffenden Volksrepublik. Im jugoslawischen Fall kann also mindestens von einer Zweistufigkeit — StA des Gliedstaates, StA des Bundesstaates, wenn nicht bereits von einer Dreistufigkeit Gemeindezugehörigkeit — StA der Volksrepublik — Bundesangehörigkeit gesprochen werden.

γ) Dreistufigkeit

Den geradezu klassischen Fall der Dreistufigkeit stellt die Schweiz dar. Der bundesstaatliche Charakter der Eidgenossenschaft hat zunächst eine zweifache StA im Gefolge: die Bundes- und die Gliedstaats- (hier Kantons-)zugehörigkeit. Die Besonderheit des schweizerischen StA.-Rechts ist aber nicht diese doppelte Staatsbürgerschaft, sondern das Hinzutreten eines dritten Bürgerrechtsstatus, nämlich des Gemeindebürgerrechts. Dieses existiert zwar wie bereits erwähnt in anderen Rechtsordnungen auch; die Besonderheit in der Schweiz ist aber die, daß das Gemeindebürgerrecht im großen und ganzen die primäre Ordnung darstellt. Bundesrechtlich normiert ist zwar nur die Zusammengehörigkeit von Schweizer- und Kantonsbürgerrecht (Art. 43 Abs. 1 Schweizer BundesVerf.). Die Ausgestaltung des juristischen Zusammenhangs zwischen dem letzteren und dem Gemeindebürgerrecht

---

[32] Einen besonderen Fall der Zweistufigkeit stellen die USA dar. Er wird unten (F III 4) dargestellt.

[33] Vom 23. August 1945, Sammlung Bd. 17.

ist der kantonalen Rechtssetzung überlassen, die überall diese Verquickung vorsieht. Jedoch ist die Einbeziehung des Gemeindebürgerrechts in das Gesamtgefüge auch im Bundesrecht enthalten[34].

Auf keinen Fall kann das Kantonsbürgerrecht ohne das Schweizerbürgerrecht bestehen; diese beiden Bürgerrechtsverhältnisse stehen in einem untrennbaren rechtslogischen Zusammenhang, wie er in Art. 43 Abs. 1 Schweizer Verfassung[35] zum Ausdruck kommt. Ein Kantonsbürger ist notwendig immer Schweizerbürger und einen solchen ohne Kantonsbürgerrecht kann es nicht geben.

Zusammenfassend kann für Bundesstaaten festgestellt werden: in der Regel existieren Angehörigkeiten der Gliedstaaten, die die Bundesangehörigkeit vermitteln oder auf andere Weise mit ihr verknüpft sind (Zweistufigkeit). Hinzutreten kann ein Gemeindebürgerrecht (Heimatrecht), an das seinerseits die Gliedstaatsangehörigkeit anknüpft; diese wiederum ist Anknüpfungspunkt der Bundesangehörigkeit (Dreistufigkeit). Möglich ist aber auch die einstufige Regelung: bei ihr gibt es nur eine Bundesangehörigkeit unter Verzicht auf Gemeinde- und Gliedstaatsangehörigkeit.

b) Im Staatenbund

Da die in einem Staatenbund zusammengeschlossenen Staaten weder ihren Staatscharakter noch ihre Völkerrechtsfähigkeit noch ihre rechtliche Unabhängigkeit und Gleichheit verlieren, der Staatenbund hingegen selbst kein Staat im Sinne des Völkerrechts ist, besitzen die einzelnen Staaten in der Regel ihre eigenen StAn, ohne daß es eine StA des Staatenbundes gibt. Da aber Staatenbünde in der historischen Entwicklung oft die Vorstufen zu Bundesstaaten waren und sich in der Endphase einer solchen Entwicklung die Abgrenzung Staatenbund — Bundesstaat nicht ohne weiteres fixieren läßt, mag es auch hier zu einer StA des Bundes kommen. In einem solchen Fall aber dürfte der Schritt vom Staatenbund zum Bundesstaat fast gleichzeitig gekommen sein, setzt doch die StA einen „Staat“ als Bezugsobjekt voraus. Eine ähnliche StA.-rechtliche Regelung wie im Staatenbund existierte in der österreichisch-ungarischen Doppelmonarchie. Dort gab es nicht eine, sondern zwei StAn. Die Realunion, die seit dem „Ausgleich“ mit Ungarn von 1867 existierte, umfaßte zwei selbständige Staaten unter einem gemeinsamen Staatsoberhaupt. Für bestimmte Angelegenheiten wurden gemeinsame Dienststellen geschaffen. Dazu zählten die gemeinsamen

---

[34] Vgl. Art. 4 Bundesgesetz über Erwerb und Verlust des Schweizerbürgerrechts, abgedruckt Sammlung Bd. 2 sowie Schröder, Schweizer StA-Recht, ebd., S. 16 ff.

[35] „Jeder Kantonsbürger ist Schweizerbürger.“

(pragmatischen) Angelegenheiten Außenpolitik, Kriegswesen und Finanzen sowie die „dualistischen“ Angelegenheiten Wirtschaft und Münzwesen, die nach gleichen, von Zeit zu Zeit zu vereinbarenden Grundsätzen behandelt wurden. Nicht dazu gehörte die StA, die als eine innere Angelegenheit der beiden Staaten betrachtet wurde. Folglich gab es nur eine österreichische und eine ungarische, nicht aber eine beiden gemeinsame StA.

c) Im Staatenstaat

In einem Staatenstaat — beispielsweise dem Suzeränstaat und seinen Vasallenstaaten — besitzt der Suzerän wie auch die abhängigen Staaten eine eigene StA; eine sie beide umfassende und speziell geregelte Zugehörigkeit zu dem Staatenstaat besteht nicht. So existierte beispielsweise eine durch den Berliner Vertrag von 1878 fixierte spezielle bulgarische StA als StA eines Vasallenstaates (Suzerän war das Osmanische Reich), die auch in der bulgarischen Verfassung von 1879 geregelt wurde[36].

d) In atypischen Fällen (Commonwealth)

Die chaotische Verwirrung, die Alf Ross[37] in der Lehre von den Staaten und Staatenverbindungen erblickt, liegt unter anderem darin begründet, daß es Erscheinungsformen staatlichen Zusammenlebens gibt, die sich in die klassischen Schemata nicht einfügen lassen. Einen derartigen Fall stellt das Commonwealth of Nations dar. Noch bei Beginn des 1. Weltkrieges war das Britische Weltreich vom Standpunkt des Völkerrechts aus gesehen ein einziger Staat. Entsprechend dieser Einheit war auch die britische StA eine einheitliche[38]. Nach dem 1. Weltkrieg wuchsen die Dominions, die als wichtigste Teile des Commonwealth bereits weitgehende Selbstverwaltung genossen, auseinander. Die sich selbst regierenden Kolonien traten als Völkerrechtssubjekte auf. Der Balfour-Bericht von 1926 definierte den neuen Status der Dominions folgendermaßen: „Sie sind selbstregierende Gemeinschaften innerhalb des Britischen Reiches, gleichberechtigt, in keiner Weise einander in irgendeiner inneren oder äußeren Angelegenheit untergeordnet, wohl aber verbunden in gemeinsamer Treue zur Krone, und frei verbunden als Glieder der britischen Staatengemeinschaft[39].“ Nach dem Westminster-Statut von 1931 wurden alle restlichen verbliebenen Ungleichheiten beseitigt und allen Mitgliedern des Commonwealth völ-

---

[36] Vgl. Makarov, Lehren, S. 38 m. w. N.

[37] Alf Ross, S. 107.

[38] Wengler, Das neue britische StA-Recht, S. 26 ff.

[39] Vgl. Berber, Lehrbuch Bd. I, S. 141; ausführlich Fawcett, S. 182 ff.

lige völkerrechtliche Unabhängigkeit zugesprochen. Für die StA hatte diese Entwicklung zur Folge, daß mit der völkerrechtlichen Unabhängigkeit der Dominions zunächst eine Dominionszugehörigkeit entstand, die aber nur ein zusätzlicher Status zu der britischen StA war, sie löste die letztere nicht auf, und ihr Verlust bedeutete nicht den Verlust der britischen StA[40].

Durch den British Nationality Act von 1948 wurde die StA neu geregelt[41]. Unter den Bezeichnungen „British subjects" bzw. „Commonwealth citizens" wurde ein für alle Commonwealth-Angehörigen gemeinsamer Status geschaffen, der freilich keine StA im völkerrechtlichen Sinne darstellt[42]. Vielmehr haben die Mitgliedsstaaten des Commonwealth eine eigene — völkerrechtlich relevante — StA, die sie selbst befugt sind zu regeln. So bestimmt z. B. der kanadische Gesetzgeber, wer als kanadischer StAng anzusehen ist; zusätzlich erhält der kanadische StAng aber den Status eines „Commonwealth citizen" — ein Status, der für den Kanadier im wesentlichen darin besteht, daß er in Großbritannien im Gegensatz zum „Alien" eine inländerähnliche Stellung einnimmt[43]. Diesen letzteren Status erhält er nicht vom kanadischen, sondern vom britischen Gesetzgeber.

Mithin ähnelt die Struktur der Commonwealth citizenship der StA in einem Staatenbund, ist aber nicht mit ihr identisch, da im Commonwealth der äußere Rahmen der StA im weiteren Sinne von dem Gesetzgeber des Vereinigten Königreichs, das selbst nur eines der Bestandteile des Commonwealth ist, geschaffen wird[44]. Damit ist zunächst einmal gezeigt, daß es im internationalen Bereich durchaus besondere Strukturen für die Gestaltung der StA gibt. Diese mögen — wie das Beispiel des Commonwealth zeigt — insbesondere in historischen Übergangsstadien staatlicher Entwicklung erforderlich sein. Es existieren also Sonderbeziehungen, deren Ausgestaltung unter Umständen auch für das Verhältnis zur DDR nutzbar gemacht werden kann.

---

40 Philip Noel Baker, S. 415 ff.

41 Abgedruckt bei Parry, S. 221.

42 Eine völkerrechtlich relevante StA wurde durch den British Nationality Act nur für die Bewohner des Vereinigten Königreichs und die sich nicht selbst regierenden Kolonien geschaffen.

43 Die Inländerstellung wird freilich durch neuere Regelungen wie den British Immigration Act von 1971 mehr und mehr ausgehöhlt. Für Commonwealth-Angehörige außerhalb des Vereinigten Königreichs werden bestimmte Einreise- und Niederlassungsbeschränkungen vorgesehen. Nach dem Immigration Act wird jetzt zwischen „patrials", die eine enge Beziehung zum Vereinigten Königreich aufweisen, und „non-patrials" unterschieden. Dadurch wird in der Praxis die „Commonwealth citizenship" mehr und mehr zu einem rein symbolischen Institut.

44 Makarov, Lehren, S. 37 f.

C. Völkerrechtliche Schranken bei der Regelung der Staatsangehörigkeit

Grundsätzlich gehört die Regelung der StA.-fragen wie aufgezeigt in den Bereich einzelstaatlicher Zuständigkeit als „domaine reservé“[1]. Diese Zuständigkeit ist freilich rechtlich nicht unbeschränkt: sie unterliegt bestimmten Regeln des Völkerrechts. Die Schranken, die das Völkerrecht den Staaten hier auferlegt, ergeben sich zum einen aus Grundsätzen des allgemeinen Völkerrechts (Völkergewohnheitsrecht) und zum anderen aus multi- und bilateralem Vertragsrecht.

I. Allgemeines Völkerrecht

Aus der Souveränität des einzelnen Staates wird das Recht zur Regelung der eigenen StA und das Verbot der Regelung der StA eines fremden Staates hergeleitet. Das bedeutet, daß sich die Beurteilung der StA nach der Rechtsordnung desjenigen Staates richtet, um dessen Angehörigkeit es sich handelt[2]. Eine Ausnahme von diesem völkerrechtlichen Grundsatz findet sich nur im Hinblick auf die bereits erwähnte funktionelle Zuständigkeit: Verfügt beispielsweise Staat A darüber, wer im Sinne seines Einwanderungsgesetzes als StAng des Staates B zu betrachten ist, so wird damit nur eine fiktive StA begründet, die als solche nur vom Standpunkt der eigenen Rechtsordnung existiert; für Staat B und auch für alle übrigen Staaten besteht dieser Status nicht[3].

Neben dieser wichtigsten völkerrechtlichen Regel des Rechts zur Regelung eigener und des Verbots der Regelung fremder StA wird in der Lehre teilweise die Ansicht vertreten, daß völkerrechtliche Schranken in einigen weiteren Punkten gegeben seien. Die wichtigsten sollen hier wiedergegeben werden: Einmal handele es sich um das allgemeine Verbot des Rechtsmißbrauchs („abus de droit“), das auch im Hinblick auf die StA Wirkungen entfalte[4]. Es müsse ein Recht auf Ausbürgerung

---

[1] Vgl. Gutachten des Ständigen Internationalen Gerichtshofs vom 7. 2. 1923 über die in Tunesien und der in der franz. Zone von Marokko erlassenen StA-Dekrete; C.P.J.I. Série B No. 4, 24 „... les questions de nationalité sont, en principe, de l'avis de la Cour, comprises dans ce domaine reservé (d'un état)“.

[2] Makarov, Lehren, S. 59.

[3] Makarov, ebd., S. 60.

[4] Leibholz, Staatsangehörigkeit und Naturalisation, in Wörterbuch des Völkerrechts und der Diplomatie, S. 589, ders., das Verbot der Willkür und

gegeben sein[5], die Zwangsausbürgerung hingegen sei verboten[6]. Eine Schranke sei auch gezogen durch die Bindung an bestimmte Rechtsgrundsätze, die den Staaten nur die Wahl zwischen bestimmten, nicht sehr zahlreichen Erwerbs- und Verlusttatsachen der StA wie dem ius sanguinis und dem ius soli als beiden großen Prinzipien des Indigenatsrechts lassen[7]. Weiter sind zu nennen der Grundsatz der Vertragstreue („pacta sunt servanda") bei vertraglichen Verpflichtungen im Hinblick auf die StA so zum Beispiel bei der Unabhängigwerdung von Staaten, schließlich ein Optionsrecht bei Gebietsveränderungen, das mindestens wünschenswert ist, wenngleich seine Verletzung keinen Völkerrechtsverstoß darstellt[8].

Das Nottebohm-Urteil

Weitere völkerrechtlich erhebliche Schranken für die innerstaatliche Regelung der StA könnten sich aus der Beachtung bestimmter Grundsätze bei der Einbürgerung eines Ausländers ergeben. An dieser Stelle sind die Gesichtspunkte zu nennen, die der IGH unter den Begriffen „Effektivität" und „genuine link" beim Nottebohm-Urteil im Jahre 1955 herausgearbeitet hat. Wegen der für unsere Frage interessanten Aspekte sei der Fall kurz geschildert:

Der deutsche Staatsangehörige Nottebohm, der sich seit 1905 in Guatemala aufhielt, hatte sich im Jahre 1936 in Liechtenstein, wo er nur kurze Zeit weilte, eingebürgert und durch diese Einbürgerung die deutsche StA verloren. Als in den weiteren Kriegs- und Nachkriegsjahren sein Vermögen in Guatemala beschlagnahmt und eingezogen wurde, hat Liechtenstein versucht, den diplomatischen Schutz ihm gegenüber auszuüben.

Die Ausübung dieses Schutzes wurde Liechtenstein im Urteil des Internationalen Gerichtshofs verweigert aus dem Grund, weil die Einbürgerung Nottebohms keine effektive StA ins Leben gerufen habe; die Effektivität der StA sei aber eine Voraussetzung für die Ausübung diplomatischen Schutzes. Erforderlich für eine völkerrechtlich wirksame Einbürgerung — gegenüber Drittstaaten — sei das „genuine link", die echte Verbindung zwischen dem Eingebürgerten und seinem neuen Heimatstaat, die auf einer tatsächlichen, räumlichen, gefühlsmäßigen und interessenmäßigen Verbindung verbunden mit dem Bestehen gegenseitiger Rechte, beruhe[9]. Nachdem die Effektivität der StA

---

des Ermessensmißbrauchs im völkerrechtlichen Verkehr der Staaten, S. 99 ff.; Lauterpacht, S. 300 ff., w. N. bei Makarov, Lehren, S. 66 - 69 Fußn. 24 - 36.

[5] Makarov, ebd., S. 73.

[6] Makarov, ebd., S. 75.

[7] Vertreten von Erich Kaufmann, Règles générales du droit de la paix, S. 374.

[8] Meessen, Die Option der Staatsangehörigkeit, S. 81 ff.

[9] C.I.J. Recueil 1955, S. 23: „Selon la pratique des Etats, les décisions arbitrales et judiciaires et les opinions doctrinales, la nationalité est un lien

zur Voraussetzung der Ausübung des diplomatischen Schutzrechts erklärt worden ist, untersucht der IGH die Einbürgerung von Nottebohm in Liechtenstein und sein darauf folgendes Verhalten und kommt zu dem Ergebnis, daß diese Einbürgerung keine „effektive StA" begründet habe und Guatemala daher nicht verpflichtet sei, diese StA anzuerkennen. Die auf die Ausübung des Schutzrechts gerichtete Klage müsse infolgedessen abgelehnt werden.

Der im Nottebohm-Urteil vorgenommene Entzug diplomatischen Schutzes aufgrund des Fehlens eines die StA völkerrechtlich absichernden Merkmals der Effizienz ist zu Recht als zu weitgehend vielfach auf Ablehnung gestoßen[10]. Makarov ist voll zuzustimmen, wenn er vermerkt: „Entweder befindet sich die Verleihung der StA in Übereinstimmung mit dem öffentlichen Recht des einbürgernden Staates, wie dieses sich innerhalb der völkerrechtlichen Schranken ergibt; dann ist die StA gültig und der diplomatische Schutz kann zugunsten des Neubürgers ausgeübt werden; oder aber die Einbürgerung entspricht nicht den staats- und völkerechtlichen Bestimmungen, dann ist keine rechtsgültige Verleihung der StA erfolgt[11]." Dieser Widerspruch des Urteils ist auch von den drei die „dissenting opinion" abgebenden Richtern dargetan worden[12].

Trotz der gem. Art. 59 IGH-Statut nur für den konkreten Fall eingetretenen Bindungswirkung finden sich die Begriffe „genuine link" und „Effektivität" weiter im Schrifttum zum StA.-Recht; teilweise wird die Ansicht vertreten, daß daß Kriterium der Effektivität bei der Frage der völkerrechtlichen Wirksamkeit einer StA nicht mehr werde bestritten können[13]. Es ist nicht auszuschließen, daß die DDR ihren Vorwurf, die Bundesrepublik nehme im Widerspruch zum Völkerrecht ihre Staatsbürger als deutsche StAe in Anspruch, auf die Effektivitätslehre des Nottebohm-Urteils stützen wird.

II. Multi- und bilaterales Recht

Die völkerrechtliche Regelung der StA erschöpft sich aber nicht in den genannten Grundsätzen, die zum Teil als Meinungen der Wissen-

---

juridique ayant à sa base un fait social de rattachement, une solidarité effective d'existence, d'intérêts, de sentiments jointe à une réciprocité de droits et de devoirs."

10 Kritisch m. w. N.: Grossen, S. 489 ff.; Berber, Lehrbuch I, S. 362 ff.; Positiv: van Panhuys, S. 95 ff.

11 Makarov, ZaöRV Bd. 16, S. 414.

12 C.I.J. 1955; Klaestad (28); Read (34); Guggenheim (50).

13 z. B. Paul Reuter, Droit International Public 1958, S. 163: „après l'arrêt Nottebohm, il semble que le critère général de l'effectivité ne puisse plus être contesté." Diese Ansicht wird freilich von Reuter in der 2. Auflage des genannten Werkes (1973) nicht wiederholt.

schaft ebenso wie Urteile nur als Hilfsmittel zur Feststellung von Rechtsregeln gewertet werden dürfen. Weitere Schranken ergeben sich aus völkerrechtlichen Verträgen, die sich auf die StA beziehen. Zum allergrößten Teil handelt es sich dabei um bilaterale Verträge, die das Ziel verfolgen, bestimmte Auswirkungen der positiven oder negativen Kollisionen der StA.-Gesetze der Vertragspartner zu beseitigen[14]. Von ihnen soll, da sie an dieser Stelle nicht weiter interessieren, erst später die Rede sein.

Wichtiger sind die mehrseitigen völkerrechtlichen Verträge zum StA.-Recht, von denen vor allem die Haager Staatsangehörigkeits-Konvention von 1930 zu nennen ist[15]. Sie hat in Art. 1 das Recht jedes einzelnen Staates fixiert, durch seine Gesetzgebung zu bestimmen, wer seine StA besitzt. Diese Gesetzgebung muß von den anderen Staaten anerkannt werden, soweit sie mit den internationalen Verträgen, der internationalen Übung und den auf dem Gebiet der StA allgemein anerkannten Rechtsgrundsätzen in Einklang steht. In Art. 2 wird der Grundsatz des allgemeinen Völkerrechts wiederholt, wonach die Entscheidung, ob jemand einem Staat angehört, nach den Gesetzen dieses Staates zu entscheiden ist. Besitzt jemand zwei oder mehr StAn, so kann der Betreffende von jedem der Staaten, denen er angehört, als sein StAng angesehen werden (Art. 3). Ferner kann ein Staat seinen StAngn den diplomatischen Schutz nicht gewähren gegenüber einem Staate, dem der Beteiligte gleichfalls angehört (Art. 4).

In der Haager Konferenz hat man sich über zahlreiche Punkte nicht einigen können, so daß in der Schlußakte acht Empfehlungen an die Staatenwelt zur Kodifikation internationalen Rechts im Hinblick auf die StA gegeben wurden[16]. Ihnen ist bis heute nur bruchstückhaft gefolgt worden. Die Konvention selbst, die zwar von Deutschland mitunterzeichnet, aber nicht ratifiziert worden ist, soll gem. Art. 22 „nicht der Frage vorgreifen, ob diese Grundsätze und Regeln (der Konvention) schon gegenwärtig dem internationalen Recht angehören oder nicht". In dieser Formulierung wird die Unklarheit und Unsicherheit des Völkerrechts auf dem Gebiete der Staatsangehörigkeit deutlich. Trotz der vorsichtigen Formulierung und des Vorbehalts des Art. 22 ist die Konvention nur von 14 der insgesamt 42 Signatarstaaten ratifiziert worden. Dennoch werden die genannten Art. 1 - 4 schon wegen der Wiedergabe allgemeiner Völkerrechtsregeln als Bestandteil internationalen Rechts zu gelten haben.

---

[14] Die bekanntesten sind die Bancroft-Verträge von 1868 zwischen den USA und dem Norddeutschen Bund.

[15] Text in Sammlung Bd. 30, S. 13 ff.

[16] Text in Sammlung Bd. 30, S. 28 ff.

D. Regelung der Staatsangehörigkeit bei Gebietsveränderungen

I. Wesen der Staatensukzession und ihre Erscheinungsformen

Völkerrechtliche Probleme ergeben sich auch in den Fällen, in denen ein Staat sein Gebiet verändert. Was geschieht mit der StA im Falle der Annexion eines Gebietsteils oder des gesamten Staates? Welche Folgen haben die Einverleibung eines Staates in einen anderen (Inkorporation), hat der Zusammenschluß mehrerer Staaten zu einem Staat oder der Zerfall eines Staates in mehrere (Dismembration) oder die Losreißung eines Gebietes (Sezession) für die StA? Zum größten Teil sind diese Fragen in den Bereich der Lehre von der Staatensukzession einzuordnen.

1. Der Begriff der Staatensukzession

Der Begriff der Sukzession muß unter verschiedenen rechtlichen Aspekten gesehen werden. Er beinhaltet zunächst den Gebietsübergang von einem Staat auf einen anderen. Damit verbunden ist ein Wechsel der Gebietshoheit. Der eine Staat hört auf, seine Hoheitsgewalt in einem bestimmten Gebiet auszuüben, während ein anderer seine Stelle einnimmt. Hinsichtlich der Gebietshoheit rückt der eine Staat in die Rechtsposition ein, die vorher ein anderer Staat innegehabt hat[1]. Die Staatensukzession kann aber auch unter dem Gesichtspunkt der Souveränität betrachtet werden. Sie liegt dann vor, wenn eine neue Souveränität an die Stelle einer anderen, bisher auf diesem Gebiet ausgeübten souveränen Hoheitsgewalt tritt. Eine Staatensukzession ist also grundsätzlich immer mit einem Souveränitätswechsel verbunden. Sie bedeutet Nachfolge in die völkerrechtliche Gebietsherrschaft über ein bestimmtes Territorium[2]. Eine Staatensukzession liegt aber nicht vor, wenn ein Staat nur seine Staats- oder Regierungsform, und sei es auch auf revolutionäre Weise, ändert. In diesem Fall wird die Völkerrechtsfähigkeit des betreffenden Staates unberührt gelassen, und es liegt eine Identität des Rechtssubjekts vor. Anders ist es freilich nach kommunistischer Ansicht. Danach stellt der Übergang vom Kapitalismus zum Sozialismus einen Fall der Staatennachfolge dar. Von den Rechten

---

1 O'Connell, State Succession in Municipal Law and International Law, Vol I, S. 3; G. Herbig, S. 11; zum Gesamtkomplex vgl. auch Marek; weiterhin: Mahnke, Entstehung und Untergang von Staaten, Staatensukzession.

2 O'Connell, International Law Vol. I, S. 423; Breunig, S. 59.

und Pflichten des kapitalistischen Staates wird nur das übernommen, was den „Werktätigen“ nützt[3].

2. Die Folgen der Staatensukzession für die Staatsangehörigkeit

Im klassischen Fall der Staatensukzession geht die Staatsgewalt des Altstaats unter und wird durch eine neue Souveränität ersetzt. Die bestehende Völkerrechtssubjektivität wird vernichtet, und eine andere tritt an ihre Stelle. Dieses ist zum Beispiel bei der Totalannexion eines Gebietes der Fall, in der Regel auch bei der Dismembration. In solchen Fällen liegt dann eine „totale Sukzession“ vor, wenn das betreffende Subjekt völlig zerstört wird. Demgegenüber versteht man unter einer „partiellen Sukzession“ die Fälle, in denen ein völkerrechtsfähiger Staat zwar einen Gebietsverlust erleidet, wie bei der Sezession, seine Völkerrechtssubjektivität und rechtliche Verantwortlichkeit als solche jedoch bestehen bleibt[4].

II. Der Modus des StA.-Wechsels bei der Staatensukzession

1. „normale“ Regelung

Ein wichtiges und umstrittenes Problem ist das des StA.-Wechsels bei der Staatensukzession[5]. Dazu werden im wesentlichen drei unterschiedliche Meinungen vertreten: die eine Meinung geht davon aus, daß die StA der von einem Gebietswechsel betroffenen Bevölkerung sich automatisch im Moment des Souveränitätswechsels ändert und die StAngn die StA des Nachfolgestaats bei gleichzeitigem Verlust der bisherigen StA erwerben[6]. Nach einer zweiten Meinung erwerben die betreffenden Personen die StA des Nachfolgestaates nur durch ausdrückliche oder stillschweigende Unterwerfung unter die neue Hoheitsgewalt[7]. Drittens geht schließlich eine neuere Ansicht davon aus, daß die StA ausschließlich als eine interne Angelegenheit des betreffenden Staates anzusehen sei. Nur der Nachfolgestaat habe die alleinige Befugnis zu bestimmen, inwieweit und auf welche Weise er den Bewohnern des erworbenen Gebiets seine StA verleihe[8].

---

[3] Kirsten, S. 113 ff.; Wünsche / Pahl, S. 133.

[4] O'Connell, State Succession I, S. 4, O'Connell, International Law I, S. 423; vgl. zu diesen Fragen auch: Mann, The Effect of Changes of Sovereignty upon Nationality; Graupner, British Nationality and State Succession, S. 161.

[5] Hierzu insbesondere Hansjörg Jellinek.

[6] Vor allem Kunz, Die völkerrechtliche Option.

[7] Referierend: O'Connell, S. 497.

[8] Verdross, Völkerrecht, S. 256; Zemanek, S. 277.

a) Staatenpraxis

Wie Breunig[9] nachweist, ist die deutsche Staatenpraxis seit dem 17. Jahrhundert überwiegend vom Grundsatz des automatischen StA.-Wechsels ausgegangen. Allerdings gab es von diesem Grundsatz im Einzelfall Ausnahmen, so beim Vertrag zwischen Preußen und Oldenburg vom 20. 7. 1853 über die Abtretung von Gebieten am Jadebusen[10]. Die Bewohner der zedierten Gebiete wurden „nicht als sofort mit abgetreten" angesehen. Ähnliche Ausnahmen gab es in neuerer Zeit beim deutsch-belgischen und deutsch-niederländischen Grenzbereinigungsvertrag[11]. Auch die übrige Staatenpraxis geht überwiegend vom Grundsatz des automatischen StA.-Wechsels aus[12].

b) Rechtslehre

In der älteren deutschen Rechtslehre wird zwar der Grundsatz des automatischen StA.-Wechsels bei Staatensukzessionen als ein allgemeiner Völkerrechtssatz angesehen, von dem nur durch eine vertragliche Vereinbarung abgewichen werden kann[13]. In der jüngeren Zeit mehren sich jedoch die Stimmen, nach denen der Grundsatz nur eingeschränkt gelte oder auch ganz verneint wird. Nach Ansicht von Dahm[14] gibt es keine allgemein anerkannten Regeln, wonach der Kreis der durch den StA.-Wechsel betroffenen Personen bestimmbar sei. Daher sei eine Konkretisierung durch Verträge oder Gesetze des Nachfolgestaates notwendig. Beim Fehlen eines Vertrages müsse aber eine Verpflichtung des Erwerberstaates angenommen werden, eine derartige Konkretisierung vorzunehmen. Auch Menzel[15] und Berber[16] lehnen einen automatischen Übergang ab. Entschieden gegen einen automatischen Übergang wenden sich vor allem Verdross[17] und Zemanek[18], die auch eine Verpflichtung des Nachfolgestaats zur Übertragung seiner StA an die Bevölkerung des betroffenen Gebiets ablehnen. Nach ihrer Ansicht hat jeder Staat die alleinige Befugnis, die Voraussetzungen für den Erwerb seiner StA festzulegen.

---

[9] Breunig, S. 75.

[10] G. F. Martens N.Rec.Gén. de traités, Bd. XVI, 2, S. 457.

[11] Deutsch-Belgischer Vertrag v. 24. 9. 1956 BGBl 1958 II, S. 263; Deutsch-Niederländischer Vertrag v. 8. 4. 1960 BGBl 1963 II, S. 458.

[12] Vgl. die ausführliche Übersicht bei Breunig, S. 78 ff., S. 82 f.

[13] H. J. Jellinek, S. 253; Schätzel, der Staatsangehörigkeitswechsel bei Gebietsveränderungen, S. 88; Bernhardt, Option, in: Strupp / Schlochauer, Wörterbuch des Völkerrechts.

[14] Dahm, Völkerrecht, S. 466 ff.

[15] Staatensukzession in: Strupp / Schlochauer, Wörterbuch des Völkerrechts.

[16] Berber, Lehrbuch, S. 263.

[17] Verdross, Völkerrecht, S. 256.

[18] Zemanek, S. 277.

In der internationalen Rechtslehre sind die Ansichten geteilt, wenngleich die Stimmen überwiegen, die einen automatischen Übergang annehmen[19]. Demgegenüber gehen O'Connell[20] und Graupner[21] von der Überlegung aus, daß jeder Staat kraft seiner Souveränität die alleinige Befugnis habe zu bestimmen, ob und wem er seine StA überträgt. Weis[22] bejaht zwar die Existenz von völkerrechtlichen Regeln über Erwerb und Verlust der StA, lehnt aber für den Fall einer Staatensukzession insoweit völkerrechtliche Grundsätze ab. Ähnlich äußern sich die italienischen Völkerrechtler Quadri[23] und Sereni[24].

c) Bewertung

Im Völkerrecht kommt der Staatenpraxis gegenüber der Rechtslehre primäre Bedeutung zu. Die Staatenpraxis geht überwiegend von einem automatischen Wechsel der StA aus[25]. Dabei wird freilich bei den jeweiligen Verträgen nicht immer deutlich, ob der StA.-Wechsel kraft der souveränen Befugnis der vertragschließenden Staaten oder in Anerkennung des Bestehens eines entsprechenden völkerrechtlichen Grundsatzes eintritt[26]. Es erscheint trotz der weitverbreiteten Praxis dennoch fraglich, ob ein allgemeiner Völkerrechtssatz besteht, nach dem ein Souveränitätswechsel automatisch mit einem StA.-Wechsel verknüpft ist. Ein solcher Rechtssatz wäre mit den praktischen Bedürfnissen, insbesondere bei schwierigen Übergangslösungen, nicht vereinbar. Dies gilt um so mehr, als Optionsklauseln immer noch nicht zwingend, sondern nur wünschenswert sind[27]. Auch zeigt die Praxis, daß Fälle möglich sind, in denen ein Gebietswechsel stattfindet, ohne daß die bestehende StA der Einwohner von den beteiligten Staaten geändert wird[28]. Gegen diese Praxis ist auch nichts einzuwenden, solange wie nicht andere Rechtssätze verletzt werden. Im Ergebnis ist Breunig[29] beizutreten, der folgende Ansicht vertritt: um eine zu weitgehende Einschränkung des Souveränitätsprinzips zu vermeiden, will er den betroffenen Staaten verbindliche abweichende Regelungen gestatten.

---

19 Vgl. Übersicht bei Breunig, S. 84, 85 Fußn. 45, 46.

20 O'Connell, State Succession I, S. 501.

21 Graupner, Nationality and State Succession, S. 92 ff.

22 Weis, S. 92, 139 ff. (149).

23 R. Quadri, S. 526.

24 A. P. Sereni, S. 693.

25 Vgl. die ausführliche Übersicht bei Breunig, S. 78 ff., S. 82 f.

26 Breunig, S. 86.

27 Vgl. Meessen, S. 81 ff.

28 So bei den erwähnten deutsch-belgischen und deutsch-niederländischen Verträgen.

29 Breunig, S. 89.

Damit gibt es einen dispositiven, aber keinen zwingenden Grundsatz vom automatischen StA.-Wechsel bei Staatensukzessionen.

2. Bei ungeklärter Rechtslage (der deutsch-litauische Optantenstreit)

Wie oben gesagt, sind die Fragen der StA bei Gebietsveränderungen größtenteils in den Bereich der Lehre von der Staatensukzession einzuordnen. Besonders schwierig zu beantworten sind die Fälle der StA von Bewohnern von Gebieten, deren Rechtslage ungeklärt ist. Da sie gerade für das zu behandelnde Problem von Interesse sind, soll auch auf sie kurz eingegangen werden. Im Schrifttum ist die Frage bislang kaum untersucht worden[30]. Ein interessanter Anhaltspunkt findet sich aber im internationalen Schiedsurteil zum deutsch-litauischen Optantenstreit[31]. Da für das Verständnis die Vorgeschichte von Bedeutung ist, soll sie kurz wiedergegeben werden.

Das Memelgebiet wurde in Art. 99 Versailler Vertrag vom Deutschen Reich an die Alliierten und Assoziierten Hauptmächte abgetreten, die es als Kondominium verwalteten. Die Verwaltung wurde am 16. 2. 1920 von Frankreich im Namen der Alliierten Mächte übernommen. Gleichzeitig mit der französischen Ruhrbesetzung drangen am 10. 1. 1923 litauische Freischärler in das Memelgebiet ein, ohne daß die französische Besatzung Widerstand leistete. Die Pariser Botschafter-Konferenz fügte sich dieser Gewaltlösung. Litauen erhielt die Souveränität über das Memelgebiet durch die Memelkonvention zwischen den Alliierten und Assoziierten Hauptmächten und Litauen vom 8. 5. 1924[32].

Gemäß Art. 8 der Memelkonvention i. V. m. Ziffer 1 Absatz 1 des deutsch-litauischen Vertrages[33] erwarben die im Memelgebiet seit dem 10. 1. 1920 Ansässigen ipso iure die litauische StA mit dem 30. 7. 1924 unter Einräumung eines Optionsrechtes für die deutsche StA. Was bis zu diesem Zeitpunkt galt, war ungeklärt. Das Schiedsgericht[34], das wegen der Zurücknahme einiger Optionserklärungen angerufen wurde, erklärte:

> „En attendant, il existait donc une situation flottante, pendant la durée de laquelle il y avait lieu d'admettre une nationalité du Territoire de Memel d'un genre particulier, sans que, pour autant la nationalité actuelle s'éteigne complètement. Celle-ci continuait d'exister comme une nationalité latente, ne déployant pas ses effets dans le territoire de Memel[35]."

---

[30] Blumenwitz, Rechtliche Probleme bei der Abgrenzung der beiden deutschen Staaten, S. 29 Fußn. 75; Wengler, Völkerrecht Bd. II, S. 994 Fußn. 2; ausführlich: Bauer, S. 78 ff.

[31] Report of International Arbitral Awards, Bd. 3, 1751.

[32] RMinBl 1925, S. 122.

[33] RGBl 1925 II, S. 59.

[34] Das in Ziffer VIII des deutsch-litauischen Vertrages vorgesehen war.

[35] R.I.A.A. Bd. 3, S. 1751.

Das Schiedsgericht ging also davon aus, daß es auf Grund des Schwebezustands eine StA besonderer Art gab, ohne daß die jetzige StA völlig verschwunden sei. Diese existierte wie eine latente StA weiter, entfaltete aber im Memelgebiet keine Wirkung. Damit nimmt das Gericht eine schichtweise Konstruktion der StA in dem besonderen Fall an, nämlich den einer latent vorhandenen StA sowie einer darüber gelagerten StA. Blumenwitz[36] sieht darin „eine Art Kontinuitätsvermutung der Staatsangehörigkeit in strittigen Situationen": die tatsächliche Lage hat die alte StA in ihrem praktischen Anwendungsgebiet außer Kraft gesetzt und eine neue „nationalité d'un genre particulier" geschaffen.

Es ist indes fraglich, ob nach dem völkerrechtlichen Effektivitätsprinzip[37] eine solche Lösung nicht nur vorübergehenden Charakter hat. Nach diesem Prinzip wird bei Vorliegen bestimmter Voraussetzungen aus einem Machtgebilde ein Staat, der notwendigerweise auch über ein Staatsvolk, d. h. StAnge, verfügen muß. Bauer[38] meint, daß die beschränkte Anwendung des Effektivitätsprinzips nur dann möglich ist, wenn die „situation flottante" nicht von langer Dauer sei, da anderenfalls das Effektivitätsprinzip voll durchschlage und nicht nur die alte StA überlagere, sondern sie vollständig erdrücke. Zu Recht schließt er daraus, daß die alte StA durch eine auf dem Effektivitätsprinzip beruhende weitere StA nur dann als überlagert angesehen werden kann, wenn eine ungeklärte Lage besteht, die nicht von langer Dauer ist[39].

III. Das Problem der Staatensukzession hinsichtlich Deutschlands — Die völkerrechtlichen Möglichkeiten und ihre Konsequenzen für die StA

Die Grundsätze der Staatensukzession lassen sich natürlich nur auf Deutschland anwenden, wenn ein Untergang des Deutschen Reiches angenommen wird. Im Falle Deutschlands ist der Eintritt von verschiedenen völkerrechtlichen Situationen denkbar: einmal besteht die Möglichkeit, daß das Reich im Wege der *Dismembration* zerfallen ist und daß an seine Stelle zwei neue Staaten, Bundesrepublik und DDR, getreten sind. Die andere Möglichkeit ist die, daß der eine Staat — die Bundesrepublik[40] — mit dem Reich identisch ist, daß das Reich also in

[36] Blumenwitz, Rechtliche Probleme, S. 29, Fußn. 75.

[37] s. Krüger, „Effektivität", in Strupp / Schlochauer, Wörterbuch des Völkerrechts.

[38] Bauer, S. 81.

[39] Bauer, S. 82.

[40] Die DDR hat die These, daß nur sie Deutschland vertrete, etwa seit 1951 aufgegeben. Deswegen braucht diese Variante hier nicht beachtet zu werden. Vgl. Hacker, Rechtsstatus, S. 116 ff.; s. dazu auch Mahnke, Fragen der Staatensukzession in Deutschland, S. 65.

Gestalt der Bundesrepublik fortexistiert. Von diesem Staat hat sich die DDR im Wege der *Sezession* gelöst. Drittens ist denkbar, daß sich unterhalb des fortexistierenden wenngleich handlungsunfähigen Reiches zwei *Teilordnungen* gebildet haben, die ihrerseits Staatsqualität besitzen und — ebenso wie das sich über ihnen wölbende Reich — Völkerrechtssubjekte darstellen.

Die beiden erstgenannten Alternativen sind folgendermaßen in den Bereich der Staatensukzession einzuordnen: im ersten Fall wären zwei Staaten entstanden, die mit dem Altstaat nicht identisch wären. Es würde sich also um eine Vollsukzession handeln. Im zweiten Fall wäre nur ein neuer Staat entstanden, während der andere mit dem Altstaat identisch ist. Es würde sich hierbei also um eine Teilsukzession handeln. Diese Annahme ist im Grunde Voraussetzung der in jüngster Zeit belebten deutschland-rechtlichen Identitätsvorstellungen in Form der Schrumpfstaatsthese[41]. Da für die Teilsukzession dieselben Grundsätze wie für die Vollsukzession gelten, sind also auch für die zweite Variante die Grundsätze der Staatensukzession im Hinblick auf die StA ausschlaggebend. Problematisch ist die dritte Variante. Bei ihr besteht die Besonderheit, daß das ursprüngliche Völkerrechtssubjekt fortbesteht, während die Staatsgewalt jedoch von den zwei Teilordnungen ausgeübt wird. Eine echte Staatensukzession liegt in diesem Fall nicht vor.

1. Dismembration

Eine Dismembration des Deutschen Reiches wird hauptsächlich offiziell von der DDR[42] sowie im dortigen Schrifttum[43] vertreten. Dabei wird der Untergang des Deutschen Reiches auf den 8. Mai 1945, den Tag der Kapitulation des OKW der Wehrmacht, fixiert. Geht man vom Grundsatz des automatischen StA.-Wechsels (dispositiv) aus, so ergibt sich für den Fall der Dismembration folgendes Bild: mit dem Untergang des Reiches 1945 wäre auch die deutsche StA untergegangen und die Bewohner von Bundesrepublik und DDR hätten — falls beide Nachfolgestaaten keine abweichende Regelung getroffen hätten — automatisch die StAn der beiden Neustaaten erhalten.

Dem stehen allerdings zwei wichtige Punkte entgegen:

1. die Organisierung der beiden Staaten erfolgte erst vier Jahre später, nämlich 1949. Damit stellt sich die Frage nach dem Schicksal der deutschen StA in der Zwischenzeit. Hier befindet sich die DDR-Wissen-

---

[41] Neuestens vor allem: Kewenig, Deutschlands Rechtslage heute, S. 71; kritisch dazu: Zieger, Zwei Staaten in Deutschland, S. 143.

[42] Vgl. dazu Hacker, Rechtsstatus, S. 154 ff.

[43] Insbesondere Riege, Die staatsrechtliche Stellung, S. 563 und: Zwei Staaten — zwei Staatsangehörigkeiten.

schaft in dem Dilemma, die Thesen vom Untergang des Reiches am 8. Mai 1945 und dem Fortbestand einer einheitlichen deutschen StA bis 1949, dem Zeitpunkt der Errichtung von Bundesrepublik und DDR, in Einklang zu bringen[44]. Riege, der sich ausführlich mit der Problematik befaßt hat, verwickelt sich hierbei in nicht auflösbare Widersprüche. Einerseits geht er richtig davon aus, daß StA im Prinzip mit dem Vorhandensein der Staatlichkeit gegeben sei, „sie sei ein untrennbares Attribut der Staatlichkeit"[45]. Er gelangt zu dem Ergebnis, daß mit dem Untergang des Deutschen Reiches am 8. Mai 1945 auch dessen StA untergegangen sei[46]. Andererseits stellt er fest, daß bis zur Bildung der DDR und der Bundesrepublik vom Bestehen einer einheitlichen deutschen Staatsbürgerschaft (hier wohl synonym für StA) ausgegangen werden müsse[47]. Den Beginn der DDR-Staatsbürgerschaft setzt er mit dem 7. Oktober 1949, dem Tag der Gründung der DDR, an.

2. beide Staaten haben eine abweichende Regelung vom Grundsatz des automatischen StA.-Übergangs getroffen: sie haben nämlich beide an der gemeinsamen deutschen StA festgehalten. Diese abweichende Regelung galt mindestens bis zum Jahre 1967, dem Zeitpunkt der Errichtung der separaten DDR-Staatsbürgerschaft.

Damit kann von einem Wechsel der StA im Jahre 1949 nicht die Rede sein. Dieser kann trotz des Umstandes, daß die Präambel des DDR-Staatsbürgerschaftsgesetzes von 1967 die Entstehung der DDR-Staatsbürgerschaft auf den Staatsgründungstag, den 7. 10. 1949, zurückdatiert, frühestens mit der Errichtung der Staatsbürgerschaft im Jahre 1967 angenommen werden. Daran ändert auch der Grundsatz nichts, daß in der Regel ein Staatsbürgerschaftsgesetz nur deklaratorischen, nicht konstitutiven Charakter trage. Die DDR hat nicht, wie andere Staaten[48], einfach zwischen Staatsgründung und Erlaß eines StA.-Gesetzes einen längeren Zeitraum verstreichen lassen, sondern sie hat in diesem Zeitraum eine StA besessen, nämlich die deutsche. Diese war in der Verfassung bis 1968 verankert, sie ist auch, wie erwähnt, geregelt worden. Diese Regelung muß die DDR sich zurechnen lassen. Ein Wechsel der StA kann also erst zu einem späteren Zeitpunkt erfolgt sein. Denkbar ist auch die Annahme eines späteren Zeitpunkts der Dismembration.

---

44 Vgl. Hacker, Rechtsstatus, S. 200.

45 Riege, Problematik, S. 296.

46 Riege, Die staatsrechtliche Stellung, S. 563.

47 Riege, ebd., S. 565, ders., Die Staatsbürgerschaft der DDR, S. 118.

48 z. B. bei der Entkolonisierung. So haben vielfach die frankophonen Staaten Afrikas zwischen Unabhängigkeit und Erlaß eines StA.-Gesetzes mehrere Jahre verstreichen lassen. In solchen Fällen kann die Entstehung der StA mit der Staatsentstehung angenommen werden. Das StA.-Gesetz besitzt dann in der Tat nur deklaratorische Bedeutung. Vgl. die Übersicht bei Breunig, S. 101 ff.; Bleckmann, S. 494 ff.

So könnte beispielsweise daran gedacht werden, daß trotz Konstituierung beider deutscher Staaten der Gesamtverband solange nicht untergegangen ist, wie ein gemeinsamer Wille zur Wiedervereinigung existierte. Fiedler[49] wirft die Frage auf, ob nicht im Verlaufe des Abschlusses der Ostverträge mit der Akzeptierung der gegenwärtigen Grenzen in Europa, insbesondere aber durch die Anerkennung der Staatlichkeit der DDR seitens der Bundesrepublik mit dem Grundvertrag, endgültig eine Dismembration eingetreten sei. Fiedler spricht davon, daß sich die Sukzession „fließend" abgespielt haben könnte, ohne daß sich ein bestimmtes Datum nennen ließe. Ein solcher Vorgang sei durchaus möglich, denn „die Auffassung, im Verlaufe der neuen Ostpolitik sei eine den Staatsuntergang implizierende Dismembration Deutschlands eingetreten, kann jedenfalls nicht schon mit dem Argument zurückgewiesen werden, diese Form des Untergangs, ein fast lautloses Hinübergleiten in den Zustand der Staatennachfolge, sei atypisch"[50]. Fiedler rückt damit eine Dismembration in einen durchaus möglichen Zeitraum, der sich als Prozeß folgendermaßen darstellen kann:

1. Stufe: Schaffung der separaten Staatsbürgerschaft im Jahre 1967 mit darauf folgender Verfassungsänderung der DDR im Jahre 1968;

2. Stufe: Abschluß des Grundvertrages im Jahre 1972 (Anerkennung der Staatlichkeit der DDR durch die Bundesrepublik, darauf folgende weltweite Anerkennung der DDR und deren Aufnahme in die Vereinten Nationen);

3. Stufe: Streichung des Begriffes der deutschen Nation aus der DDR-Verfassung im Jahre 1974.

Eine solche Kette ließe sich als „fließende Sukzession" interpretieren. Innerhalb eines derartigen Vorgangs könnte auch ein Wechsel der StA stattgefunden haben, vorausgesetzt natürlich, daß ein Untergang des Reiches unterstellt wird. Im Ergebnis würde das bedeuten, daß vor der Dismembration die Bürger von Bundesrepublik und DDR gemeinsam die „alte" StA besessen hätten. Nach dem Abschluß der Dismembration wäre der Wechsel eingetreten: die Bewohner der DDR hätten die Staatsbürgerschaft der DDR erworben, die Bewohner der Bundesrepublik die bundesdeutsche StA. Eine solche ist zwar gesetzlich nicht geregelt, die alte deutsche StA wäre aber de facto eben diese bundesdeutsche StA. Es würde also zwei getrennte StAn geben, eine Inanspruchnahme der Bürger des jeweiligen anderen Staates als eigene StAe wäre völkerrechtlich nicht zulässig.

---

[49] Fiedler, S. 153.

[50] Fiedler, S. 153.

2. Sezession

Nach der zweiten Möglichkeit besteht der Altstaat Deutsches Reich in Gestalt der Bundesrepublik fort. Er hätte nur einen Gebietsverlust aufgrund der Losreißung der DDR erlitten. Damit wäre auch sein Staatsvolk verkleinert. Diese Sezession könnte einmal mit der Konstituierung der DDR im Jahre 1949 erfolgt sein[51]. Dagegen spricht freilich der Text der ersten Verfassung der DDR, die sich als gesamtdeutsche Verfassung verstand, sowie die offiziell und im Schrifttum der DDR[52] bis zu Beginn der fünfziger Jahre geäußerte Absicht, an der Kontinuität des deutschen Staates festhalten zu wollen.

Erst gegen Mitte der fünfziger Jahre bildete sich die Annahme einer Diskontinuität heraus; ein Prozeß, der um 1956 abgeschlossen sein dürfte[53]. Die gesetzlichen Bestimmungen, die auf ein Kontinuitätsverständnis hindeuten, nämlich Verfassung und RuStAG, wurden aber erst 1968 bzw. 1967 abgeändert. Ebenso wie im Falle der Dismembration wird man eine eventuelle Sezession der DDR aus der heutigen Sicht als einen Prozeß deuten müssen, der mit Abschluß des Grundvertrages und spätestens der Verfassungsänderung 1974 einen endgültigen Abschluß erreicht haben könnte.

Da die Bundesrepublik an der Kontinuität des Reiches festhält[54], wäre in diesem Falle eine Teilsukzession gegeben. Da hier die gleichen Regeln wie bei der Vollsukzession gelten, hätte das Staatsvolk der Bundesrepublik die „alte" StA behalten. Die Bürger der DDR hätten sie vor der Sezession gleichfalls besessen, nach deren Abschluß hingegen eine neue StA erworben. Auch in diesem Fall würden zwei getrennte StAn existieren. Die Bundesrepublik dürfte dementsprechend ihre StA nicht auf die Bewohner der DDR erstrecken, sondern müßte sie auf den Bereich der Bundesrepublik beschränken. Eine Erstreckung ihrer StA auf die Bewohner der DDR wäre völkerrechtswidrig, weil es an einem Anknüpfungspunkt für die Erstreckung fehlt. Die DDR wäre danach Ausland, zu dem keine besonderen Bindungen bestehen, die eine solche Erstreckung gestatten würden. Hierin liegt im übrigen die eindeutige Schwäche der Schrumpfstaatsthese. Der Rekurs auf die Vier-Mächte-Verantwortung, wie Kewenig[55] und Frowein[56] ihn unternehmen, erscheint als nicht brauchbar. Die Vier-Mächte-Verantwortung ohne

---

[51] Vgl. Oppermann, Zwei deutsche Staaten oder Sezession der DDR aus dem deutschen Staatsverband?, S. 313.

[52] Vgl. Hacker, Rechtsstatus, S. 116 ff.

[53] Vgl. Hacker, ebd., S. 154 ff.

[54] Wie sie es auch in mehreren internationalen Verträgen, so z. B. dem Londoner Schuldenabkommen, zum Ausdruck gebracht hat.

[55] Kewenig, Deutschlands Rechtslage heute, S. 71.

[56] Frowein, Legal Problems of the German Ostpolitik, S. 105 (125).

Bezug auf „Deutschland als Ganzes“ erweist sich dann als leere Hülse, die keinen brauchbaren Anhaltspunkt für die Annahme einer gemeinsamen StA liefern kann. Es gibt keine „Vier-Mächte-Verantwortungs-Staatsangehörigkeit“.

Die einzige Möglichkeit, dieses Ergebnis zu vermeiden, könnte darin liegen, daß beide Staaten trotz Sezession eine abweichende Regelung im Hinblick auf StA.-Fragen vereinbart haben. Die Bundesregierung stellt sich offensichtlich auf den Standpunkt[57], daß eine „abweichende Regelung“ insofern getroffen sei, als die Frage der StA im Grundvertrag eben nicht geregelt worden sei, und daß dieser Umstand in den einschlägigen Protokollerklärungen zum Ausdruck komme. In einem derartigen Verfahren kann eine „abweichende Regelung“ aber nicht erblickt werden. Die Protokollerklärungen halten nicht einmal den „Konsens über einen Dissens“ fest. Allenfalls eine Übereinstimmung beider Vertragspartner über die Nicht-Regelung der StA könnte in diese Richtung deuten. Mit Sicherheit könnte nur eine Vereinbarung über eine — wenn auch vorläufige — Beibehaltung der gemeinsamen StA als eine entsprechende „abweichende Regelung“ gewertet werden. Eine derartige Vereinbarung liegt aber nicht vor. Damit wäre auch im Falle der Annahme einer Sezession eine gemeinsame StA nicht haltbar.

3. Kontinuität (nur Teilsukzession)

Der dritte denkbare Fall geht von der Kontinuität des Reiches aus. Danach hätte eine Staatensukzession überhaupt nicht stattgefunden, und mithin hätte es auch keinen Wechsel in der StA geben müssen. Die alte deutsche StA würde also fortexistieren. Nun übt allerdings das Reich seit 30 Jahren mangels institutionalisierter Organe keine Staatsgewalt mehr aus, während sich auf seinem Gebiet mittlerweile zwei international anerkannte Staatsordnungen gebildet haben. Dieser Situation versucht die „Dachtheorie“ gerecht zu werden. Sie nimmt an, daß beide Staaten als Teilordnungen unter dem „Reichsdach“ bestehen[58].

Für die StA wirft das eine Reihe von möglichen Konsequenzen auf, die von der Ausgestaltung und Bedeutung der Teilordnungen, ihren Beziehungen untereinander sowie zum „Überwölbenden Dach“ abhängen.

---

[57] Note der Bundesregierung an die DDR vom 20. 2. 1975, Bulletin vom 25. 2. 1975 Nr. 24 / S. 233.

[58] z. B. Blumenwitz, Die Grundlagen eines Friedensvertrages mit Deutschland, S. 72.

E. Lösungsversuche im Hinblick auf die deutsche Staatsangehörigkeit

I. Unter der Prämisse des Reichsuntergangs

1. Nach dem östlichen Zwei-Staaten-Modell (Riege)

Die Vorschläge, die von Seiten der DDR zur Lösung der StA.-Frage in Deutschland gemacht werden, basieren allesamt auf dem Zwei-Staaten-Modell, welches wiederum vom Untergang des Reiches im Jahre 1945 ausgeht. Danach sind auf deutschem Boden zwei souveräne Staaten entstanden, die auf Grund allgemeiner völkerrechtlicher Regeln befugt sind, ihre StA eigenständig zu regeln. Eine Inanspruchnahme der Bewohner des anderen Staates als eigene StAng wäre damit unvereinbar[1].

Eine Bestätigung dieser Rechtsansicht hat nach Meinung der DDR die Bundesrepublik mit Abschluß des Grundvertrages geliefert, woran auch die Protokollerklärung der DDR zur StA.-Frage nichts ändere. Nach dieser Erklärung spricht die DDR ja auch die Erwartung aus, „daß der Vertrag eine Regelung der Staatsangehörigkeitsfrage erleichtern wird". In der Rede, die der damalige DDR-Außenminister zur Begründung des Grundvertrages am 13. Juni 1973 vor der Volkskammer hielt, stellte er fest:

> „für die Normalisierung der Beziehungen ist es unumgänglich, daß sich die BRD auch in der Staatsangehörigkeitsfrage von rechtswidrigen und auch sachlich einfach unhaltbaren Konstruktionen trennt. An der Tatsache, daß zwei souveräne, von einander unabhängige Staaten eben auch zwei unterschiedliche Staatsbürgerschaften haben, wird auch die BRD auf die Dauer nicht vorbeikommen[2]."

Knapp ein Jahr später hat Riege es unternommen zu präzisieren, um welche rechtswidrigen und sachlich unhaltbaren Konstruktionen es sich bei der von der Bundesrepublik beibehaltenen deutschen StA handle. Im einzelnen stellt er fest: die DDR sei ein selbständiges Völkerrechtssubjekt. Das Deutsche Reich bestehe nicht fort, sondern sei 1945 untergegangen. Zwischen der DDR und der BRD bestehen normale völker-

---

[1] Freilich nahm die DDR zwischen 1967 und 1972 auf Grund ihres StBG selbst Bewohner der Bundesrepublik als eigene Staatsbürger in Anspruch, nämlich die Flüchtlinge und deren Abkömmlinge.

[2] „Vertrag wird sich günstig auf das politische Klima auswirken", Neues Deutschland vom 14. 6. 1973.

rechtliche Beziehungen. Daraus folgert er, die regierungsoffizielle Kenntnisnahme von der Existenz zweier deutscher Staaten seitens der BRD habe „in hinreichendem Maße Fakten gesetzt, um nunmehr alle politisch-juristischen Konsequenzen aus den Realitäten zu ziehen. Dazu würde zählen, vom ausschließlichen Bestehen einer jeweils auf die DDR und die BRD bezogenen Staatsbürgerschaft auszugehen. Damit würde natürlich keine neue Rechtslage geschaffen, sondern nur ein Schritt getan, die seit 1949 mit den Staatsgründungen tatsächliche und juristische Lage in gehöriger Form zur Kenntnis zu nehmen und sich von der Illusion frei zu machen, die Bürger der DDR, Bürger Volkspolens und der Sowjetunion könnten sich vielleicht wieder einmal in Angehörige eines imperialistischen deutschen Staates zurückverwandeln[3]." Weiter sagt Riege: „Die fortdauernde einheitliche deutsche Staatsangehörigkeit gründe sich auf die Fiktion des Fortbestandes des Deutschen Reiches in den Grenzen vom 31. 12. 1937. Die aggressive Funktion dieser These werde mit der Formel verdeckt, die einheitliche deutsche Staatsangehörigkeit bilde ein juristisches Band um die gespaltene Nation[4]." Die Einheit der Nation als Klammer für eine einheitliche StA lehnt Riege ab[5]. Die Beibehaltung der einheitlichen deutschen StA bezeichnet Riege, wenn auch indirekt[6], als juristische Aggression und völkerrechtswidrig.

Es ist nicht uninteressant hier zu notieren, daß Riege den Begriff der „juristischen Aggression" im Hinblick auf die StA nicht selbst geprägt hat, wie ihm in westdeutschen Pressemeldungen vorgeworfen wurde[7], sondern ihn aus dem Vokabular eines westdeutschen Juristen übernommen hat[8]. Dieses vorsichtige Verfahren hat Riege zu Recht gewählt, denn der Begriff „juristische Aggression" ist, worauf Hacker zutreffend hinweist, dem Völkerrecht fremd, weswegen Staats- und Völkerrechtler der DDR ihn auch kaum benutzt haben[9]. Der Begriff der Aggression umschreibt nach geltendem Völkerrecht die „unerlaubte Anwendung von Gewalt im zwischenstaatlichen Bereich"[10]. Nach Art. 2 Ziff. 4 UN-Charta richtet sich das Verbot der Androhung oder Anwen-

---

[3] Riege, Völkerrechtliche Beziehung und Staatsbürgerschaft, S. 382 (384).

[4] Riege, ebd., S. 385.

[5] Riege, ebd., S. 393. Riege leugnet nicht die Einheit der Nation, sondern verneint lediglich ihre Eignung als Basis einer gemeinsamen StA. Der Aufsatz wurde etwa 6 Monate vor der Verfassungsänderung publiziert, die den Begriff der deutschen Nation aus der DDR-Verfassung eliminierte.

[6] „gesetzgeberische Akte, höchstrichterliche Urteile und andere staatliche Akte, die den Jurisdiktionsbereich der BRD überschreiten ...".

[7] Vgl. FAZ vom 14. 3. 74: „DDR dringt auf zwei deutsche Staatsangehörigkeiten."

[8] Tiemann, S. 73 (75).

[9] Hacker, Rechtsstatus, S. 399 f.

[10] Blumenwitz, Rechtliche Probleme bei der Abgrenzung der beiden deutschen Staaten, S. 7 - 38 m. w. N.

dung der Gewalt gegen die territoriale Unversehrtheit oder die politische Unabhängigkeit eines Staates. Das von der Generalversammlung der Vereinten Nationen eingesetzte „Special Committee on the Question of Defining Aggression“ verwandte folgende Definition des Aggressionsbegriffs: “Aggression is the use of armed force by a State against the sovereignty, territorial integrity or political independence of another State[11].” Diese Definition ist von der Generalversammlung gebilligt worden[12]. Der Vorwurf der juristischen Aggression kann also nur politisch gemeint sein. Völkerrechtlich ist er nicht faßbar und schlägt daher hier fehl.

Schwerer wiegt der Vorwurf der „völkerrechtswidrigen Praxis“. Nach Ansicht der DDR hätte die Bundesrepublik mit der spätestens seit Abschluß des Grundvertrages erfolgten Anerkennung der Staatlichkeit der DDR auch deren Staatsbürgerschaft zu respektieren: diese Respektierung verbiete vor allem eine Inanspruchnahme der Bewohner des „anderen“ Staates als eigene StAe und gebiete die Beseitigung rechtlicher Kollisionen der beiden StA.-Rechte. Aus der Sicht der DDR hätte die Bundesrepublik der Existenz zweier voneinander unabhängiger selbständiger Staaten, die füreinander Ausland darstellen, dadurch Rechnung zu tragen, daß sie diesem Umstand zuwiderlaufende Gesetze und Rechtsnormen beseitige. Mangels entsprechender zweiseitiger Regelungen sei kein Platz für eine gemeinsame deutsche StA: beide Staaten hätten zwei völlig voneinander getrennte StAn, die sie gegenseitig zu respektieren hätten. Hinzuzufügen ist allerdings die interessante Variante, die Erich Honecker in seiner Rede vor dem ZK der SED beisteuerte. War in der Verfassungsänderung vom Oktober 1974 noch der Begriff „deutsche Nation“ aus der Verfassung gestrichen worden, so wurde diese Änderung ihrerseits in gewisser Weise revoziert. Erstmals differenzierte Honecker zwischen der Staatsbürgerschaft und der Nationalität der Bürger der DDR. Er sagte:

> „Unser sozialistischer Staat heißt Deutsche Demokratische Republik, weil ihre Staatsbürger der Nationalität nach in der übergroßen Mehrheit Deutsche sind. Es gibt also keinen Platz für irgendwelche Unklarheiten beim Ausfüllen von Fragebogen, die hier und dort benötigt werden. Die Antwort lautet schlicht und klar und ohne jede Zweideutigkeiten: Staatsbürgerschaft — DDR, Nationalität — deutsch. So liegen die Dinge[13].“

Zu Recht vermerkt Hacker[14], daß sich eine derartige Konstruktion der Definition der herkömmlichen deutschen Staatsrechtslehre annähert, die das Staatsvolk als die Summe aller Staatsangehörigen und das „Volk

---

[11] Art. 1 Draft Definition GAOR 29th session Suppl. No. 19 (A/9619).

[12] GA Res. 3314 (XXIX) v. 14. Dez. 1974.

[13] Bericht des Politbüros an die 13. Tagung des ZK der SED, abgedruckt in Neues Deutschland 13. 12. 74.

[14] Hacker, Will die SED noch ein sozialistisches Deutschland?

im natürlichen Sinne" als „Nationalität", als eine „unabhängig von Recht und Staat gegebene gesellschaftliche Gruppe" definiert[15]. Diese deutsche Nationalität besäße aber, da unabhängig von Recht und Staat, keine völkerrechtlich bedeutsame Qualität. Völkerrechtlich relevant wäre allein die „DDR-Staatsbürgerschaft", die eine nach außen wie innen wirksame StA darstellt. Neben sie hätte, nach Ansicht der DDR, eine StA der Bundesrepublik zu treten, ohne daß irgendwelche rechtlichen Bande und Anknüpfungen zwischen beiden Angehörigkeiten liegen dürften. Eine rechtlich bedeutsame gemeinsame deutsche StA wäre demnach unzulässig. Nach Ansicht der DDR hätte die Bundesrepublik, nachdem die DDR bereits ihre StA geschaffen hat, ebenfalls den erforderlichen Schritt zu tun und eine entsprechende StA der Bundesrepublik zu schaffen[16].

2. Nach westlichen Untergangstheorien (Rumpf)

In der Bundesrepublik hat sich bislang nur eine Mindermeinung zur Annahme des Untergangs des Deutschen Reiches bekannt. Im Anschluß an die prominenten westlichen Vertreter dieser Theorie, Kelsen[17], Virally[18] und Nawiasky[19] haben sich in jüngerer Zeit vor allem Abendroth[20], Menzel[21] und Rumpf[22] für eine Diskontinuität ausgesprochen. Konsequenterweise ist die Folge der Annahme eines Untergangs des Völkerrechtssubjekts Deutschland (Deutsches Reich) auch der Untergang der gesamtdeutschen StA, da für deren Beibehaltung ein Anknüpfungspunkt dann nicht mehr ersichtlich ist. Soweit ersichtlich, hat jedoch allein Rumpf die Konsequenz gezogen, daß die Bundesrepublik eine eigene StA zu errichten habe[23]. Rumpf geht von der Überlegung aus, daß die „gesamtdeutsche Fiktion" (gemeint ist die Fortexistenz des Staates von 1867) durch Abschluß des Grundvertrages und die Aufnahme beider deutscher Staaten in die UNO endgültig seine Erledigung gefunden hatte. Mit Abschluß des Grundvertrages habe die Bundes-

---

15 Rudolf Laun, S. 38, 43 ff.

16 Im Ergebnis Riege in Deutsche Außenpolitik 2/1974, S. 382 (401), ders., Zwei Staaten — zwei Staatsbürgerschaften, S. 19, ders., Alleinvertretungsanmaßung und Staatsangehörigkeitsrecht, S. 21.

17 Kelsen, The Legal Status of Germany according to the Declaration of Berlin, S. 518 (521), Dieser Aufsatz wurde von Kelsen jedoch vor der Potsdamer Konferenz geschrieben.

18 Virally, Die internationale Verwaltung Deutschlands, S. 25.

19 Nawiasky, Auf der Tagung der deutschen Staatsrechtslehrer 1954, VVDStRL H. 13, S. 65 ff.

20 Abendroth, Das Grundgesetz, 3. Aufl. 1972, S. 11.

21 Menzel, Verfassungswidrigkeit der Ostverträge von 1970?, S. 361 (370).

22 Rumpf, Land ohne Souveränität, S. 107.

23 Ebd. und: Die deutsche Staatsangehörigkeit nach dem Grundvertrag, S. 201.

republik die DDR als Staat anerkannt. Damit habe sich die Bundesrepublik auch völkerrechtlich verpflichtet, das StA.-Recht der DDR insoweit anzuerkennen, als es nicht völkerrechtswidrig sei: wer einem Herrschaftsverband Staatsqualität zuerkenne, könne ihm sein Staatsvolk und das Recht, seine StA zu regeln, nicht bestreiten. Auf keinen Fall könne die deutsche StA des GG nach Abschluß des Grundvertrages als die einzige in Deutschland bestehende StA und auch nicht als übergeordnete, höhere StA angesehen werden. Im übrigen sieht Rumpf bei der dem bundesdeutschen Gesetzgeber zugewiesenen Errichtung einer eigenen bundesdeutschen StA nichts weiter als eine juristische Sanktionierung bereits bestehender Zustände; denn so Rumpf „die im GG und in den einschlägigen Gesetzen der Bundesrepublik so bezeichnete deutsche StA ist ein Institut der bundesdeutschen Rechtsordnung und damit in Tat und Wahrheit Bundesangehörigkeit. Sie wurde 1949 lediglich aus politisch-ideologischen Gründen nicht so genannt, weil die Gründer der Bundesrepublik keinen neuen Staat mit eigener StA schaffen wollten, obwohl sie es praktisch taten[24].“ Den Grundsätzen des Bundesverfassungsgerichts im Grundvertragsurteil will Rumpf dadurch genügen, daß er den Bürgern der DDR (und den anderen Deutschen aus Polen) eine gesetzlich noch abzusichernde Inländerbehandlung zuteil werden lassen will. Diese hält er für völkerrechtlich zulässig, da in diesen Gebieten das Recht auf Selbstbestimmung durch Nichtgewährung von Optionsgelegenheiten verletzt sei.

Rumpfs Ansicht ist inkonsequent. Wenn er einen Untergang des Reiches annimmt und Bundesrepublik und DDR die Nachfolgestaaten darstellen, dann kann eine „gesetzlich gesicherte Inländerbehandlung“ keinen überzeugenden rechtlichen Grund mehr haben. Das Recht der Optionsfreiheit wird auch von einer Anzahl anderer Staaten nicht gewährt. Konsequenterweise müßte Rumpf den Angehörigen dieser Staaten ebenso eine Inländerstellung zubilligen. Wenn schon eine Diskontinuität angenommen wird, dann stellt die von der DDR vertretene Zwei-Staaten-Theorie mit der Folge einer klaren Trennung der beiden StAn die logische Konsequenz dar.

II. Unter der Prämisse der Kontinuität

Unter der Voraussetzung, daß der deutsche Staat von 1867 weder 1945 noch später untergegangen ist, sondern in irgendeiner Form noch fortbesteht (sei es als Bundesrepublik, als „Dach“ über beiden Staaten oder nur als Objekt der Vier-Mächte-Verantwortung) sind eine Reihe von Vorschlägen zur Gestaltung der sta.-rechtlichen Beziehungen gemacht worden.

---

[24] Rumpf, Die deutsche Staatsangehörigkeit nach dem Grundvertrag, S. 203.

1. Nach der Identitätstheorie

Die Identitätstheorie existiert im wesentlichen in zwei Varianten, einmal in der Kernstaatsvariante und ein andermal in der Schrumpfstaatslehre.

a) Kernstaatslehre (Unbeachtlichkeit)
Wittmann, Waehler, Schröder

Die Kernstaatslehre bejaht eine uneingeschränkte Identität, nach der das Reich über die Bundesrepublik hinausreiche, diese jedoch aufgrund machtpolitischer Umstände derzeit nur für ihren Bereich (Staatskern) Jurisdiktionsgewalt ausüben könne. Sie ist eine im wesentlichen in den fünfziger und sechziger Jahren vertretene Theorie, die zwar in sich konsequent ist, praktisch jedoch schon immer undurchführbar war und mittlerweile veraltet ist, da sie auf der Nichtanerkennung der DDR als Staat fußt. Nach dieser uneingeschränkten Identitätsannahme sind sämtliche Rechtssetzungsakte der DDR für die Bundesrepublik unbeachtlich, darunter auch die zur StA. Diese Unbeachtlichkeitstheorie, die in der bundesdeutschen Literatur nach Erlaß des DDR-Staatsbürgerschaftsgesetzes von 1967 durch Wittmann[25], Dieter Schröder[26], Waehler[27] und andere[28] gestützt wurde, geht von folgenden Überlegungen aus: das Potsdamer Abkommen vom 2. August 1945 verlange die Gleichbehandlung der deutschen Bevölkerung in ganz Deutschland[29]. Auch wenn diese Bestimmung eher die tatsächliche als die rechtliche Behandlung meine, so lasse sie erkennen, daß eine so weitgehende „Ungleichheit“ verursacht durch eine von keiner praktischen Notwendigkeit geforderten anderen StA jedenfalls auch den in den Beschlüssen von Potsdam niedergelegten Grundsätzen der Besatzungspolitik widerspreche. Zwar sei das Potsdamer Abkommen nicht für Deutschland rechtsverbindlich, da es, zwischen den Besatzungsmächten abgeschlossen, eine „res inter alios acta“ darstelle[30]. Dennoch seien einige grundsätzliche Bestimmungen, vor allem die die Verantwortung der Vier-Mächte im Hinblick auf die Einheit Deutschlands betreffenden, weiterhin von Bedeutung. Deswegen sei die Zulassung eines eigenen StA.-Gesetzes seitens der DDR durch die UdSSR nicht nur als Verletzung allgemeiner Schranken der

---

25 Wittmann, S. 223.

26 Schröder, S. 233.

27 Waehler, S. 776.

28 Vgl. Bericht, S. 13 ff.

29 Potsdamer Abkommen vom 3. August 1945, Abschnitt III, A, 2; abgedruckt in Ingo v. Münch, Dokumente, S. 32.

30 Faust, Das Potsdamer Abkommen und seine völkerrechtliche Bedeutung, S. 77 ff.

Besatzungsgewalt, sondern auch der Beschlüsse von Potsdam anzusehen[31].

Letzten Endes fußt die Annahme einer Unbeachtlichkeit des DDR-Staatsbürgerschaftsgesetzes auf der Nichtanerkennung der DDR als Staat seitens der Bundesrepublik: ein nicht anerkannter Staat habe auch keine Legitimation, Änderungen im StA.-Recht vorzunehmen[32]. Dieser letzteren Annahme ist durch die Entwicklung der letzten Jahre freilich der Boden entzogen. Seit der Regierungserklärung vom 28. Oktober 1969[33] ist die Kernstaatslehre von der Bundesregierung auch offiziell endgültig aufgegeben worden. Insbesondere seit Abschluß des Grundvertrages steht die Anerkennung der DDR als Staat außer Zweifel, wenngleich sie weiterhin von Seiten der Bundesrepublik nicht als Ausland angesehen wird[34]. Die Kernstaatslehre ist somit als deutschlandrechtliches Modell nicht mehr brauchbar. Was das Potsdamer Abkommen angeht, so haben selbst die Verfechter der Unbeachtlichkeitstheorie zugegeben, daß es als „res inter alios acta" Deutschland — und damit die deutschen Staaten — nicht binde. Der Umstand, daß die UdSSR die DDR an der Schaffung eines StBG nicht gehindert habe, mag zwar bedauerlich sein, ändert aber an der Tatsache nichts.

Zieger weist auch noch auf das Problem hin, daß man nach der Unbeachtlichkeitstheorie für den Raum der DDR konsequenterweise die Fassung des RuStAG zugrundelegen müsse, die 1949, vor Gründung der DDR, in Geltung gewesen ist[35]. Damit schlösse man sie von vielen Neuentwicklungen aus, die sich insbesondere wegen des Gleichberechtigungsgrundsatzes vollzogen haben. Die Möglichkeit, die Deutschen in der DDR der jeweilig in der Bundesrepublik geltenden Fassung des RuStAG zu unterwerfen, dürfte Art. 6 Grundvertrag widersprechen. Der Ausweg, das RuStAG in der Bundesrepublik materiell möglichst auf gleichem Stande mit dem StBG der DDR zu halten, dürfte an dem ordre public der Bundesrepublik scheitern und ist als unpraktikabel auszuschließen. Aus all diesen rechtlichen und tatsächlichen Gründen ist die auf der Kernstaatslehre basierende Unbeachtlichkeitstheorie obsolet geworden.

---

31 Wittmann, S. 224.

32 Vgl. Bericht, S. 31.

33 Sten.Bericht Deutscher Bundestag VI/v. 28. 10. 1969.

34 Vgl. die oben zitierte Regierungserklärung. Zuletzt sprach Bundeskanzler Schmidt in seiner Regierungserklärung vom 17. Mai 1974 (VII BT, 100. Sitzung) davon, daß die Beziehungen zwischen der Bundesrepublik und der DDR von „besonderer Art" sind.

35 Zieger Staatsangehörigkeit, S. 38.

b) Schrumpfstaatslehre

Eine moderne Variante der Identitätstheorie ist die „Schrumpfstaatsthese“. Sie geht gleichfalls davon aus, daß das Deutsche Reich nicht untergegangen ist, sondern fortexistiert, und zwar geschrumpft auf das Gebiet der Bundesrepublik Deutschland[36]. Teilweise wird die Entstehung damit begründet, daß das Reich in Form der Bundesrepublik eine neue Organisationsstruktur gefunden habe; die DDR habe sich im Wege der Sezession von dem fortbestehenden Altstaat abgespalten[37], teilweise wird dieser Vorgang als die bereits geschilderte langsam fortdauernde Prozedur angesehen, die mit Unterzeichnung des Grundvertrages und Aufnahme beider deutscher Staaten in die UNO ihren Abschluß gefunden habe[38]. Diese letztgenannte Möglichkeit kommt allerdings eher einer fortschreitenden Dismembration gleich. Jedenfalls geht das Schrumpfstaatsmodell davon aus, daß keine rechtlichen und territorialen Ansprüche der Bundesrepublik gegenüber der DDR bestehen, sondern beide sich — wie in Art. 1 Grundvertrag niedergelegt — als gleichberechtigte Staaten gegenüberstehen. Im Unterschied zur Kernstaatslehre erstreckt sich das Staatsgebiet der Bundesrepublik nur auf den Geltungsbereich des Grundgesetzes, auf den das Reich „geschrumpft“ ist.

Diese Theorie weist freilich einige Untiefen auf. So gut sie sich teilweise den politischen Realitäten anpassen mag, so schwierig sind mit ihr andere Aspekte zu vereinbaren[39]. Wie sollen sich „besondere Beziehungen zwischen beiden deutschen Staaten“, wie die „Nichtauslands“qualität der DDR begründen lassen, wenn keine Anknüpfung zum anderen Staat mehr gegeben ist? Wie ist ein Rekurs auf die Vier-Mächte-Verantwortung für Deutschland als Ganzes, wie der besondere Status Berlins mit der Einbettung in die Bundesrepublik einerseits, den speziellen Rechten und Verantwortlichkeiten der Alliierten andererseits, zu begründen? Vollends problematisch jedoch wird nach der Schrumpfstaatsthese die Beibehaltung der gemeinsamen deutschen StA. Wenn der Altstaat Reich auf die Bundesrepublik reduziert ist und dem Neustaat DDR wie jedem anderen Staat gegenübersteht, dann existiert logischerweise auch kein Anknüpfungspunkt für eine StA mehr. Deswegen ist im Schrifttum — soweit es von dieser These ausgeht — der Versuch gemacht worden, mit Hilfskonstruktionen sowohl

[36] Kewenig, Deutschlands Rechtslage; Kirn, Der Fortbestand des Deutschen Reiches nach 25 Jahren Grundgesetz, S. 84; in der Richtung auch Knut Ipsen, Die UN-Mitgliedschaft der beiden deutschen Staaten und die deutsche Frage, S. 3.

[37] So Kewenig und Kirn.

[38] Fiedler, ZfP 1973, S. 150.

[39] Was von den Vertretern der Schrumpfstaatstheorie teilweise zugegeben wird (Kewenig EA 1974, S. 77).

den Ansprüchen des Grundgesetzes als auch den logischen Konsequenzen dieser Theorie zu genügen.

Scheuner — „Die offene Tür“

Hauptsächlich wird die Überlegung Scheuners[40] aufgegriffen, der den Bewohnern der DDR den Status von deutschen StAngen ohnehin abspricht. Scheuner geht davon aus, daß Art. 116 GG nicht mehr darstellt, als eine „offene Tür“, die den Eintritt in die deutsche StA denjenigen offen hält, die den Tatbestand des Art. 116 erfüllen. Scheuner meint, daß die Bewohner der DDR gar nicht alle als Bürger beansprucht werden, sondern daß ihnen, wenn sie in die Bundesrepublik kommen, nur eine Anzahl von Rechten gewährt werden. Eine solche Praxis, in der ein Land den Bewohnern eines anderen Staates eine besondere Stellung im Hinblick auf Einbürgerung oder Aufenthalt einräume, sei völkerrechtskonform und stelle keinen Übergriff in Rechte der DDR dar[41]. Scheuner schwebt offenkundig vor, Bewohnern der DDR, wenn sie in die Bundesrepublik kommen, eine „Inländerbehandlung“ zuteil werden zu lassen, nicht mehr und nicht weniger. Eine solche Konstruktion findet Parallelen, beispielsweise bei den Ländern des nordischen Rates. Sie werden später noch zu untersuchen sein (s. Kap. F II).

Scheuners Konstruktion stammt aus dem Jahre 1971. Ihre Zulässigkeit offenbart Schwierigkeiten angesichts der Interpretation von Art. 16, 116 GG durch das BVerfG. Im Hinblick auf die Rechtsstellung der DDR-Bewohner geht es dem BVerfG weniger um ein Gebot der Gleichbehandlung im Sinne der „Inländerbehandlung“, sondern um die Feststellung, daß die DDR-Bewohner nach wie vor „Deutsche im Sinne des Grundgesetzes“, in erster Linie also deutsche StAnge sind. Im Zusammenhang mit dem Schutz, den die Dienststellen der Bundesrepublik allen Deutschen zu gewähren haben, führt das Gericht aus:

> „Hier gibt es für die Bundesrepublik Deutschland auch künftig keinen rechtlichen Unterschied zwischen den Bürgern der Bundesrepublik Deutschland und den anderen Deutschen[42].“

Weiter vorne heißt es:

> „Art. 16 GG geht davon aus, daß die deutsche Staatsangehörigkeit, die auch in Art. 116 Abs. 1 GG in bezug genommen ist, zugleich die Staatsangehörigkeit der Bundesrepublik Deutschland ist. Deutscher Staatsangehöriger im Sinne des Grundgesetzes ist also nicht nur der Bürger der Bundesrepublik Deutschland[43].“

---

[40] Scheuner, in Symposion, S. 298 ff.; ihm folgend Kewenig, S. 79.

[41] Scheuner, S. 298.

[42] BVerfGE 36, 32.

[43] BVerfGE 36, 30.

Diese Zitate mögen genügen um festzuhalten, daß das BVerfG nicht eine „Inländerbehandlung“ meint, sondern von einer deutschen StA, auch für Bewohner der DDR ausgeht. Eine entsprechende Änderung des RuStAG würde mit Sicherheit eine erneute Normenkontrolle durch das BVerfG zur Folge haben. Ob es bei dieser Gelegenheit seine Aussagen im Grundvertragsurteil revidiert, wie es Kewenig offenkundig als optimal vorschwebt[44], ist angesichts der ausführlichen und zugespitzten Formulierungen zur StA.-Frage, die sich im Urteil finden, mehr als fraglich. Jedenfalls reicht es nicht aus, eine Änderung im StA.-Recht im Vertrauen darauf vorzunehmen, daß die Karlsruher Richter ihre Ansicht ändern würden[45].

Übrig bliebe unter Zugrundelegung der verfassungsgerichtlichen Grundgesetzinterpretation nur eine Änderung des GG. Nimmt man diese vor, so besteht gleichzeitig die Gefahr, daß selbst einer gesetzlich abzusichernden Inländerbehandlung der DDR-Bewohner der Boden unter den Füßen weggezogen wird. Es könnte nämlich der Anknüpfungspunkt für eine derartige Sonderregelung überhaupt entfallen. Außerdem ist unschwer vorstellbar, daß auch eine derartige Lösung von der DDR als völkerrechtswidrig bezeichnet werden würde. Eine daraufhin durchaus vorstellbare, erneute Adjustierung an die „Fakten“ würde DDR-Bewohner den Bürgern jedes x-beliebigen fremden Staates gleichstellen. Es ist der Verdacht nicht von der Hand zu weisen, daß sich die „Inländerbehandlung“ nur als Zwischenstufe zur Anerkennung der Separierung der StAn in Deutschland darstellt. Nur eine solche Anerkennung einer separaten DDR-StA ist neben der Errichtung einer eigenen bundesdeutschen StA im Grunde die logische Konsequenz aus dem Schrumpfstaatsmodell. Mit dem Völkerrecht wäre eine solche Lösung vereinbar. Da sie aber dem Grundgesetz nach der Interpretation des Grundvertragsurteils widerspricht, ist sie als *aktuelle* Lösungsmöglichkeit nicht praktikabel.

Makarov

Nur teilweise unter das Schrumpfstaatsmodell zu bringen sind die Vorschläge von Makarov[46] und Hoffmann[47]. Makarov geht davon aus, daß es eine gesamtdeutsche StA rein rechtlich betrachtet nicht gibt, da auch ein gesamtdeutscher Staat mangels Gesamtstaatsgewalt nicht existiere. Da aber die DDR von seiten der Bundesrepublik völker-

---

[44] Kewenig, S. 82.

[45] Scheuner scheint seine Ansichten teilweise revidiert zu haben, denn in einer Urteilsrezension spricht er von einer „gutabgewogenen Stellungnahme zu den Artikeln 16, 116 GG“, DÖV 1973, S. 584.

[46] Makarov, Kommentar, S. 26 ff.

[47] Symposion, S. 278.

rechtlich nicht als fremder Staat, als Ausland, anerkannt wird, plädiert er dafür, die Staatsbürgerschaft der DDR „de facto" anzuerkennen. Es handele sich um die StA eines nicht de jure, sondern de facto anerkannten Staates. Die Anwendung der Rechtsnorm eines de facto anerkannten Staates, auch der stA.-rechtlichen Normen, sei nicht ausgeschlossen, soweit der betreffende Staat im Rahmen der ihm anerkannten Zuständigkeiten handele und soweit die Anwendung der von ihm erlassenen Rechtsnormen nicht gegen den inländischen ordre public verstieße. Hierzu ist folgendes zu sagen: die Ausführungen Makarovs stammen aus dem Jahre 1971, also aus der Zeit vor dem Abschluß des Grundvertrages. Mit dem Grundvertrag dürfte die DDR nicht nur de facto, sondern auch de jure als Staat anerkannt worden sein. Im übrigen gibt die Formel von der „de facto-Angehörigkeit" auch keine befriedigende Antwort auf die Frage, wie Bewohner der DDR in der Bundesrepublik und in Drittstaaten anzusehen sind. Im Ergebnis dürfte die Anerkennung der DDR-Bürgerschaft „de facto" auf eine Ausländerbehandlung hinauslaufen[48].

Hoffmann

Eine andere Variante steuert Hoffmann bei. Er geht davon aus, daß die DDR sich im Wege der Sezession vom Deutschen Reich abgespalten habe. Folglich müsse man von zwei Staaten mit zwei StAn ausgehen. Das alte Reichsrecht habe in der Bundesrepublik und in der DDR unabhängig voneinander bestanden. Auch das RuStAG von 1913 sei in zwei verschiedene Gesetze zerfallen. Da das RuStAG nicht territorial — sondern personenbezogen sei, finde dieses jetzt als Bundesrecht fortgeltende Gesetz auch auf die Deutschen in der DDR Anwendung. Dies bedeute, „daß diejenigen Bewohner der DDR, welche bis 1949 die damals aus Reichsrecht erworbene Staatsangehörigkeit besaßen, trotz der Sezession der DDR die nunmehr von der Bundesrepublik Deutschland gewährte deutsche StA auf Grund von Bundesrecht behalten haben. Die Abkömmlinge dieser Personen sind ebenfalls auf Grund des westdeutschen RuStAG Staatsangehörige der Bundesrepublik Deutschland geworden[49]." Diese Rechtsfolge sei zwar verwunderlich, so Hoffmann, sie erkläre sich indes aus der völkerrechtlichen Identität der Bundesrepublik mit dem Deutschen Reich. Damit besäßen die Deutschen in der DDR ganz überwiegend zwei StAn. Dieser Zustand sei unerfreulich, weil die Betroffenen von zwei Staaten mit Treuepflichten in Anspruch genommen werden könnten. Das Ergebnis will Hoffmann mit dem völkerrechtlichen Verbot des Rechtsmißbrauchs wiederum korrigieren. Nach Abschluß der Ostverträge wäre nämlich die Gewährung der bun-

[48] So zu Recht Zieger, Deutsche Staatsangehörigkeit heute, S. 59.
[49] Hoffmann, in Symposion, S. 282.

desdeutschen StA an fast alle Deutschen in der DDR für die Bundesrepublik ohne völkerrechtlich relevanten, politischen Sinn. Im Ergebnis stehen für Hoffmann dann wiederum zwei StAn, wobei den Deutschen aus der DDR im Bundesrecht eine bevorzugte Stellung einzuräumen wäre, die die Ausländereigenschaft in ihren rechtlichen Auswirkungen weitestgehend abbaut[50].

Dazu bemerkt Zieger[51] zu Recht, daß es wenig sinnvoll ist, zuerst den Jurisdiktionsanspruch der Bundesrepublik auf die DDR auszudehnen, um dann darin einen völkerrechtlichen Mißbrauch zu sehen mit der Folge, diesen Anspruch schleunigst wieder zurückzunehmen. Abgesehen davon, daß diese Theorie angesichts der angenommenen Personalhoheit der Bundesrepublik über die Bewohner der DDR außerordentlich problematisch ist, gibt sie im Ergebnis nichts anderes her als Scheuners Wendung von der „offenen Tür". Auch nach diesen Theorien ist im Endergebnis an der völligen Anerkennung der DDR-Staatsbürgerschaft nicht vorbeizukommen.

Bauer

Bauer[52] nimmt alternativ eine Sezession oder eine Dismembration an, nach der, dem Grundsatz des automatischen StA.-Wechsels bei Gebietsveränderungen folgend, eine Beibehaltung der gemeinsamen StA nicht mehr möglich sei[53]. Auch er will keinen festen Zeitpunkt nennen, sondern nimmt einen mit Unterzeichnung des Grundvertrages abgeschlossenen Prozeß an, mit dessen Ende zwei getrennte StAn entstanden seien[54]. Die Verwendung des Plurals (Staatsangehörigkeiten), die Annahme der *Entstehung zweier* StAn deuten darauf hin, daß Bauer zur Möglichkeit einer Dismembration tendiert, da im Falle der Sezession die Bundesrepublik (als mit dem Reich identisch) die alte StA behalten könnte. Den Umstand, daß eine bundesdeutsche StA nicht existiert, will Bauer dadurch umgehen, daß er die deutsche StA als bundesdeutsche StA auslegt[55]. Im Hinblick auf die DDR befürwortet er eine vertragliche Regelung, welche die Härten, die der automatische StA.-Wechsel mit sich bringe, durch Einräumung eines Optionsrechts mildern soll[56]. DDR-Bürgern wäre in der Bundesrepublik eine Vorzugsstellung einzuräumen, die ihnen eine inländerähnliche Stellung gewährt[57].

---

50 Hoffmann, ebd., S. 284.
51 Zieger, ebd., S. 61.
52 Bauer, Die Deutsche Staatsangehörigkeit in der Bundesrepublik Deutschland und der Deutschen Demokratischen Republik nach dem Grundvertrag.
53 Bauer, ebd., S. 167.
54 Bauer, ebd., S. 167.
55 Bauer, ebd., S. 178.
56 Bauer, ebd., S. 198.
57 Bauer, ebd., S. 199.

Bauer geht also auch von einer Separierung der StAn in Deutschland aus. Dieses ist sicherlich eine denkbare Lösung, die nur der Konzeption des Grundvertragsurteils zuwiderläuft. Die von ihm anvisierte vertragliche Regelung mit der DDR liegt dann noch weiter außerhalb der Realität. Wenn die DDR eine Option zulassen wollte, hätte sie ihre Grenzen nicht zuzusperren brauchen.

2. Nach der Dachtheorie (Teilordnung)

Anders sieht es nach der sogenannten Dachtheorie aus[58]. Sie nimmt an, daß auf dem ehemaligen Gebiet des Deutschen Reiches mindestens zwei neue Teilordnungen, zwei selbständige deutsche Staaten entstanden sind, die beide nicht mit dem Reich identisch sind. Das Reich ist aber nicht untergegangen, sondern besteht — wenn auch handlungsunfähig — dermaßen fort, daß es sich wie ein Dach über die auf seinem ehemaligen Staatsgebiet entstandenen Teilordnung wölbt. Diese Annahme haben sich Böckenförde[59], Böhlhoff[60] und Blumenwitz[61] nutzbar gemacht.

Böckenförde

Nach Böckenförde haben sich mit der Entwicklung zweier rivalisierender Staatsfragmente zu Staaten auch zwei getrennte StAn entwickelt. Die gesamtdeutsche StA, die als drittes Glied dem staatlichen Verband des Reiches zugeordnet wird, wölbt sich als „Dach“ über beiden Teilordnungen. Auch diese gesamtdeutschen StA befinde sich, wie der Staat, dem sie zugeordnet sei, in „Ruhelage“. Allein die StAn von BRD und DDR seien die „aktualisierten“ StAn. Durch sie werde die gesamtdeutsche StA vermittelt[62]. Konkrete staatsbürgerliche Rechte und Pflichten, insbesondere die Gehorsamspflicht gegenüber der eigenen Rechtsordnung und die staatsbürgerliche Treuepflicht könnten grundsätzlich nicht schon an die Innehabung der gesamtdeutschen StA, sondern erst an die jeweils eigene StA (von BRD und DDR) angeknüpft werden[63]. Wer StAng in einem Teilstaate sei, besitze dadurch die deutsche StA und könne durch einfache Erklärung und Wohnsitznahme auch die StA des anderen Teilstaates erlangen. BRD und DDR seien

[58] Sie geht zurück auf Klein im Kommentar von Mangoldt / Klein. Das Bonner Grundgesetz, 2. Aufl. 1957, Bd. I, S. 355; kritisch jüngstens Kimminich, Der Beitritt der Bundesrepublik Deutschland zur Organisation der Vereinten Nationen, S. 28 f.

[59] Böckenförde, Die Teilung Deutschlands und die deutsche Staatsangehörigkeit.

[60] Böhlhoff, Die gesamtdeutsche Staatsangehörigkeit.

[61] Blumenwitz, Das neue Staatsbürgerschaftsgesetz der DDR.

[62] Böckenförde, S. 458.

[63] Böckenförde, S. 457.

verpflichtet, bei der Ausgestaltung ihrer StA auf das gesamtdeutsche Band der StA Rücksicht zu nehmen. Außerdem sei kein Teilstaat befugt, das Sachgebiet der gesamtdeutschen StA zu regeln[64].

Böckenförde geht also von der Existenz einer eigenen bundesdeutschen StA aus. Das BVerfG verneint die Existenz einer solchen Einrichtung. Abgesehen davon jedoch begegnet Böckenfördes Vorschlag noch anderen Bedenken. Böckenförde gibt selber zu, daß der Fortbestand des deutschen Staatsverbandes prekär sei, daß der fortschreitende Sezessionsprozeß, als welcher sich die politische Auseinanderentwicklung der beiden deutschen Teilstaaten darstelle, nicht endlos dauern könne, ohne daß die gemeinsame Grundlage, auf der beide Staaten von ihrem Ausgangspunkt her stehen, schließlich völlig aufgelöst werde[65]. Die politische Entwicklung scheint Böckenförde hierin Recht zu geben. Abgesehen davon, daß eine gesamtdeutsche StA von der DDR bestritten wird — womit auch das Gebot, das Sachgebiet der gesamtdeutschen StA teilstaatlich unberührt zu lassen, hinfällig wird — geht die Vorstellung, die jeweilige Teilangehörigkeit durch bloße Erklärung und Wohnsitznahme zu erlangen, von Wunschdenken aus. Zwar ist es nach der jetzigen Praxis der DDR noch üblich, daß Übersiedler aus der Bundesrepublik nicht dem formalen Einbürgerungsverfahren unterworfen werden, sondern auf Antrag durch Registrierung zu DDR-Bürgern werden. Es ist aber fraglich, wielange die DDR diese an sich erfreuliche Praxis noch aufrecht erhält. Verlassen kann man sich darauf nicht.

Böhlhoff

Böhlhoff hält eine Überordnung des Gesamtverbandes Reich über die beiden Teilstaaten im rechtlichen Sinne nicht für möglich, sondern spricht dem Reich nur eine faktische Größe zu, weil „das Reich Gebiet und Volk beider Teilstaaten mit umfaßt"[66]. Solange das Reich fortbestehe, bleibe die deutsche StA denen, die sie bereits besaßen oder nach Reichsrecht ex lege erwarben, auch weiterhin erhalten. Einbürgerung und der Erwerb ex lege nach einer Teilordnung seien nur durch Anerkennung der treuhänderisch für das Reich ergangenen Akte beider an der gesamtdeutschen StA festhaltenden deutschen Staaten möglich[67]. Über dieses „Festhalten" ist die Entwicklung hinweggegangen. Auch ansonsten hätte Böhlhoffs Idee die unglückliche Folge, daß sowohl in der Bundesrepublik wie in der DDR teilweise nur „bundesdeutsche" bzw. „DDR-Staatsbürger", teilweise Doppelstaatler, nämlich „Reichs-"

[64] Böckenförde, S. 460.
[65] Böckenförde, S. 462.
[66] Böhlhoff, S. 91.
[67] Böhlhoff, S. 160.

und „Teilordnungs-“angehörige leben würden, wenn auf den Zeitpunkt des Erwerbs abgestellt würde..

Blumenwitz

Blumenwitz will den alten Grundsatz des föderalistischen deutschen StA.-Rechts wiederaufleben lassen[68]. So wie nach der bis 1934 geltenden Fassung des RuStAG die Reichsangehörigkeit durch die StA in einem Bundesstaate vermittelt wurde, so solle die Staatsbürgerschaft der DDR als Teilordnungszugehörigkeit die fortbestehende gesamtdeutsche StA vermitteln. Hierin kann sich Blumenwitz auf Überlegungen stützen, die anläßlich des Problems der saarländischen StA angestellt worden sind[69]. Die Idee ist nicht ohne Reiz. Allerdings verkennt auch Blumenwitz nicht die Schwierigkeit, daß die Staatsbürgerschaft der DDR keine sich unterordnende, sondern eine die gesamtdeutsche StA verdrängende separatistische StA sein will[70]. Es bliebe also nichts anderes übrig, als die Staatsbürgerschaft der DDR in eine derartige die gesamtdeutsche StA vermittelnde Teilordnungszugehörigkeit umzudeuten.

Bernhardt

Einen solchen Umdeutungsversuch („Konversion“) hat auch Bernhardt[71] unternommen. Er schlägt vor, die Geltung der DDR-StBG grundsätzlich zu akzeptieren, aber den Erwerb und Verlust der DDR-Staatsbürgerschaft nach dem StBG als Erwerb und Verlust der gesamtdeutschen StA anzusehen. Unerwünschte Folgen bei der Anwendung des StBG könnten mit Hilfe des ordre public-Grundsatzes korrigiert werden.

Meessen

Ein anderer Vorschlag, der den Vorzug hat, Berlin in die Überlegungen miteinzubeziehen, stammt von Meessen[72]. Meessen geht davon aus, daß die Beibehaltung einer gesamtdeutschen StA als völkerrechtlich zulässig anzusehen ist: Deutschland bestehe als Bezugspunkt der Viermächte-Verantwortung und kultursoziologisch als Nation fort. Zwar könne eine StA nur auf handlungsfähige Staaten bezogen sein, jedoch lasse sich die fortbestehende deutsche StA folgendermaßen rechtfertigen: „nach territorialen Veränderungen ist es üblich, der betroffenen

68 Blumenwitz, Das neue Staatsbürgerschaftsgesetz, S. 194.

69 Braga, S. 37 ff. (39).

70 Blumenwitz, S. 194.

71 Bernhardt, Bericht, S. 5 ff. (16).

72 Meessen, Das Problem der deutschen Staatsangehörigkeit nach dem Grundvertrag, S. 515 - 524, ders., Verfassungsrechtliche Grenzen einer Neuregelung der StA im geteilten Deutschland, S. 673 ff.

Bevölkerung die Wahl der StA und des künftigen Aufenthaltsortes zu überlassen. Der deutschen Bevölkerung ist diese Wahlmöglichkeit in der Ost-Westrichtung von der DDR nicht und von Polen nur teilweise gewährt worden. Insofern kann die Bundesrepublik das ihre dazu tun, um die Wahlmöglichkeit offen zu halten. Eine der möglichen Maßnahmen besteht in der Beibehaltung einer formellen deutschen StA, die rechtlich wenig mehr als eine offene Tür bedeutet." Weiter fährt Meessen dann fort: „auch wenn man darüber streiten kann, ob die Staaten nach territorialen Veränderungen völkerrechtlich verpflichtet sind, der betroffenen Bevölkerung eine Wahlmöglichkeit in der Form eines Optionsrechtes zu gewähren oder nicht, wird man jeweils die einseitige Gewährung der Wahlmöglichkeit nicht als Intervention in die inneren Angelegenheiten des anderen Staates ansehen können[73]." Um die bestehende Rechtslage auch stA.-rechtlich klar zum Ausdruck zu bringen, will Meessen allerdings zusätzlich zur gesamtdeutschen StA — die unter Hinweis auf Scheuners Formel von der „offenen Tür" nur eine Wahlmöglichkeit darstellen soll — eine bundesdeutsche StA einführen, die auch den Bewohnern Westberlins verliehen werden soll. Eine solche Lösung — von Meessen „britische Lösung" genannt — würde nach seiner Ansicht keine Störung der durch den Grundvertrag auch von der Bundesrepublik akzeptierten Zweistaatlichkeit darstellen.

Zu Meessens Vorschlag läßt sich folgendes sagen: die Begründung für die völkerrechtliche Zulässigkeit einer Beibehaltung der gesamtdeutschen StA (Verweigerung der Option) ist, wie Meessen selbst zugibt, schwach. Zwar mag die Gewährung der Option nach Gebietsveränderungen wünschenswert sein, sie ist aber kein ius cogens[74]. Darauf läßt sich die gesamtdeutsche StA nicht solide stützen. Die Einführung einer bundesdeutschen StA steht wie erwähnt, im Gegensatz zu den Ausführungen des BVerfG. Schließlich aber stößt die Erstreckung dieser neu zu schaffenden bundesdeutschen StA auf die Bürger Westberlins auf erhebliche Bedenken. So wünschenswert einerseits die enge Verbindung Westberlins zum Bund ist, so sehr müssen auch die Nachteile einer solchen Regelung bedacht werden. Zum einen schwächen sie den Viermächte-Status der Stadt. Zum anderen ist es zweifelhaft, ob die Westmächte eine derartige sta.-rechtliche Erstreckung akzeptieren würden. Sie haben sich zwar 1954 und 1955 ausdrücklich mit der Übernahme des StA.-Rechts der Bundesrepublik nach Berlin einverstanden erklärt, doch handelte es sich damals um die gesamtdeutsche StA.

Nach dem Viermächte-Abkommen vom 3. September 1971 soll die Lage Berlins nicht einseitig verändert werden. Außerdem heißt es, daß

[73] Meessen, Problem, S. 519.

[74] So Meessen selbst, Die Option der Staatsangehörigkeit, S. 87.

die „Westsektoren Berlins wie bisher kein Bestandteil (konstitutiver Teil) der Bundesrepublik“ sind. Mit allergrößter Wahrscheinlichkeit dürfte die Erstreckung der bundesdeutschen StA nach Berlin am Veto der UdSSR scheitern, die bekanntlich das Viermächte-Abkommen eng auslegt. So vermag sich Meessens Vorschlag durchaus als Bumerang erweisen, der die Bindungen Berlins zum Bund sta.-rechtlich zunächst ins Ungewisse rücken und schließlich völlig abzureißen vermag. Das unerwünschte Resultat könnte eine separate StA der Berliner sein, auf der Grundlage der Existenz von drei Staaten in Deutschland.

3. Nach dem Dualismus-Modell von Herbert Krüger

Das dualistische Deutschlandmodell, das von Zieger[75] in die Diskussion eingebracht wurde, unterscheidet sich folgendermaßen vom Dachmodell: geht dieses davon aus, daß über den beiden Staaten BRD und DDR sich das Reich wie ein Dach wölbt, so stellen nach der dualistischen Konzeption Bundesrepublik und DDR *zusammen* das Völkerrechtssubjekt Deutschland dar, das weder 1945 noch später untergegangen ist[76]. Da dieses Modell nicht so leicht zu begreifen ist, muß seiner Erörterung hier mehr Raum gegeben werden.

Zieger versucht, die von Herbert Krüger vor knapp 20 Jahren[77] entwickelten Gedanken der „dualistischen Gestaltung eines Staates“ für das aktuelle StA.-Problem weiter zu entwickeln und nutzbar zu machen. Ausgangspunkt für Krüger war die Frage, ob es nicht ein gedankliches Schema für eine Staatenverbindung gebe, in der zwei Staaten in anderer als in bundesstaatlicher Weise zu einem Gesamtstaat verbunden sind[78]. Krüger greift zur Beantwortung dieser Frage auf die Zeit des landständischen Staates zurück, bei dem es — noch vor dem Erscheinen des modernen Staates — Gebilde gegeben habe, die nicht nur keine Homogenität (wie im Bundesstaat erforderlich) sondern sogar beträchtliche Heterogenität aufgewiesen haben. An diesen Gebilden sei nichts mehr Institution gewesen, alles habe sich in einen Prozeß aufgelöst. Die Einheit werde dann zur Funktion des Gesamtverhaltens, das ganz von der Spontaneität der Beteiligten abhänge. In dieser Eigenart ihres Seins könne eine dualistische Einheit nur dadurch ständig integriert werden, daß ihre beiden Elemente sich auf das Ganze und aufeinander abstimmten, sei es gemeinsam, sei es äußerstenfalls

---

[75] Zieger, Das Staatsbürgerschaftsgesetz der DDR, ders., Die Staatsangehörigkeit im geteilten Deutschland, Deutsche Staatsangehörigkeit heute, S. 43, Zwei Staaten in Deutschland, S. 127.

[76] Zieger, Staatsangehörigkeit heute, S. 62.

[77] Krüger, Bundesrepublik Deutschland und Deutsche Demokratische Republik.

[78] Krüger, S. 12.

auch allein[79]. Im Hinblick auf Bundesrepublik und DDR spricht Krüger ebenfalls von einem dualistischen Staat, der eine „Zweiheit in der Einheit“ darstelle. Jedes der beiden „Elemente“ besitze Souveränität, aber die „Zweiheit der Souveränität“ sei zu einer „Einheitlichkeit des Handelns“ verpflichtet[80]. Allein könne überhaupt keiner der Souveräne handeln. Trotz aller Einheit in der Zweiheit verfüge erst ein wiedervereinigtes Deutschland über die Fähigkeit zu substantiellen völkerrechtlichen Akten[81].

Diese Gedanken versucht Zieger folgendermaßen zu aktualisieren: heute könne zwar nicht mehr von einer staatlichen „dualistischen Einheit“, sondern nur noch von einem Dualismus zweier Staaten gesprochen werden, die Deutschland als einheitliche Nation darstellten[82]. Im Verhältnis zu Drittstaaten und zu internationalen Organisationen könne jeder der zwei Staaten völkerrechtliche Aktivität entfalten. Der Begriff des Dualismus erlaube es den beiden Staaten nicht, klassische völkerrechtliche Beziehungen zueinander aufzunehmen. Genau dieses, so fährt Zieger fort, entspreche ja auch der Regierungserklärung von 1969, wonach zwei Staaten in Deutschland existierten, die „füreinander nicht Ausland“ sein könnten[83]. Auf das Problem der gesamtdeutschen StA angewendet, bedingt dieses Dualismusmodell nach Zieger auch eine dualistische Interpretation des Begriffes der Einheitlichkeit der deutschen StA. Dies sei wiederum nur in der Weise vorstellbar, daß der begrifflichen Gemeinsamkeit der deutschen StA ein Dualismus der Regelungskompetenz für die Jurisdiktionssphäre jedes der beiden Staaten entspreche[84]. Eine solche Konzeption verhindere, daß ein Staat Jurisdiktionsansprüche über den anderen in Anspruch nehme, er müsse vielmehr die Regelungskompetenz des anderen in seinem Bereich anerkennen. Genau das entspreche auch Art. 6 Grundvertrag. Weiter erläutert Zieger: „Jeder der beiden deutschen Staaten ist also zur Normensetzung auf dem Gebiete des deutschen StA.-Rechts in seiner Rechtssphäre befugt. Die Abgrenzung der Zuständigkeit der beiden deutschen Staaten wird personaliter nach dem Wohnsitz der Staatsangehörigen zu bestimmen sein. Wechselt ein Deutscher aus einer staatlichen Ordnung in die andere, dann wechselt er ex nunc auch die Regelungszuständigkeit, d. h. er unterliegt nunmehr den Staatsangehörigkeitsregelungen des jetzt zuständig gewordenen deutschen Staates. Diese dualistische Verknüpfung der deutschen Staatsangehörigkeit setzt

---

[79] Krüger, S. 13 f.
[80] Krüger, S. 20.
[81] Krüger, S. 23.
[82] Zieger, Staatsangehörigkeit, S. 59.
[83] Zieger, ebd., S. 60.
[84] Zieger, ebd., S. 60.

voraus, daß die vom zuständigen Staat getroffene Regelung von dem anderen grundsätzlich anerkannt wird, vorbehaltlich des üblichen ordre public"[85]. In einer solchen Lösung sieht Zieger mehrere Vorteile: einmal meint er, daß eine solche Lösung mit dem Grundvertrag vereinbar sei. Die dualistische Interpretation stehe aber auch mit den Ausführungen des BVerfG zur deutschen StA in Einklang[86]. Einen politischen Vorteil erblickt Zieger darin, daß die gleichberechtigte Zuerkennung einer Regelungszuständigkeit es vermeide, die DDR-Staatsbürgerschaft einer hierarchisch höheren „Dach"-StA zu unterstellen, wie es die Lösungen nach dem Dachmodell unternehmen. Das StA-Problem werde „paritätisch" gelöst, es sei auch somit grundvertragskonform. Die „dualistische" StA sei eine Widerspiegelung der dualistischen Staatlichkeit in Deutschland. Eliminiert werde nur der politische Impetus, die DDR-Staatsbürgerschaft als eine von der deutschen StA separierte eigene StA zu begreifen[87]. Ein weiterer Vorteil gegenüber den Lösungsvorschlägen von Böckenförde und Meessen bestehe darin, daß keine Schwierigkeiten mit Berlin wegen der Erstreckung einer separaten bundesdeutschen StA dorthin auftauchen würden. Da die StA ja die gesamtdeutsche StA bliebe, sei Berlin „gleichsam ein verbliebener, staatlich nicht neu organisierter Rest des deutschen Gesamtstaats"[88]. Probleme sieht Zieger indes im Hinblick auf Drittstaaten. Hier nimmt er an, daß die diplomatische Schutzpflicht der Bundesrepublik zunächst natürlich unbedingt für die Deutschen bestehe. Sie gelte aber auch für andere deutsche StAnge wie die Bewohner der DDR. Dies könne jedoch nur insoweit verwirklicht werden, wenn und soweit der Drittstaat auf seinem Territorium eine solche Funktion zulasse. Hier sei das Gebot des BVerfG, allen Deutschen gleichermaßen Schutz und Fürsorge zu gewähren, nicht überall zu erfüllen, weil die nationale Rechtsebene durch das Völkerrecht begrenzt sei[89].

Auch eine dualistische Konstruktion ist von einer Zustimmung der DDR abhängig. Sie kann ihr jedenfalls nicht gegen ihren Willen aufgezwungen werden. Um noch einmal den Vergleich mit dem landständischen Staat zu bemühen: so heterogen dieses Gebilde auch war, so bestand doch immerhin bei seinen einzelnen Elementen der Wille „dem Ganzen zu dienen". Nur wenn ein solcher Wille vorhanden ist, läßt sich eine „paritätische Lösung" des StA.-Problems verwirklichen. Liegt eine entsprechende Zustimmung der DDR nicht vor — und sie ist nicht ersichtlich — dann kann auch eine „dualistische StA", die nur von

85 Zieger, Deutsche Staatsangehörigkeit heute, S. 63 f.

86 Zieger, ebd., S. 64.

87 Zieger, ebd., S. 65.

88 Zieger, ebd., S. 66.

89 Zieger, ebd., S. 66.

einer Seite akzeptiert wird, nicht den politischen Impetus, eine von der deutschen StA separierte eigene StA zu besitzen, aufheben. Das Ergebnis der gesamten dualistischen Staatskonstruktion ist beim fehlenden Willen der DDR dann nichts anderes als die zwangsläufige Anerkennung der DDR-Staatsbürgerschaft. So elegant das Ziegersche Gebäude auch wirken mag: bei der derzeitigen Einstellung der DDR bedeutet es in der Praxis die Hinnahme des Zweistaatenmodells und ermöglicht allenfalls DDR-Bewohnern gegenüber eine bevorzugte Behandlung entsprechend Scheuners Formulierung von der „offenen Tür".

F. Eigene Lösungsvorschläge

I. Ausgangspunkt: die besondere Lage Deutschlands

Die aufgezeigten Lösungsvorschläge sind nicht geeignet, die deutsche StA aufrecht zu erhalten. Zwar bieten sie teilweise klare rechtliche Auswege, jedoch dürften diese ohne Änderung des Grundgesetzes, mindestens jedoch ohne Rücknahme der im Grundvertragsurteil enthaltenen Ausführungen zur StA nicht gangbar sein. Es soll hier statt dessen eine Lösung vorgeschlagen werden, die es unternimmt, die deutsche StA zu erhalten. Eine solche Entscheidung fordert die Bereitschaft, auch ungewohnte Lösungen ins Auge zu fassen.

Der Verfasser schöpft den Mut, einen Weg zur Erhaltung der deutschen StA zu suchen aus der Überlegung, daß dem Verfahren der DDR, welches vom Festhalten an einer gemeinsamen deutschen StA über die Schaffung einer separaten Staatsbürgerschaft bei Bejahung der gemeinsamen Nation zur Negierung der Nation und anschließender erneuter Bejahung der gemeinsamen Nation führt, auf Seiten der Bundesrepublik ein geschlossenes und entschiedenes Konzept gegenüberzusetzen ist. Eine beständige Adjustierung an Faktizitäten, die von der DDR gesetzt werden, würde die Bundesrepublik bald in Atemlosigkeit versetzen. Auf der anderen Seite ist die Notwendigkeit nicht zu verkennen, daß nach einem Modell gesucht werden muß, das völkerrechtskonform ist und die Chance internationaler Durchsetzbarkeit bietet.

Ein Modell unter dem Ausgangspunkt der Diskontinuität ist damit abzulehnen. Auch bietet das Schrumpfstaatsmodell keine geeignete Basis für die Erhaltung der deutschen StA. Am ehesten ist das Dachmodell geeignet, der Erhaltung der deutschen StA eine Grundlage zu verleihen. Es ist jedoch nicht zu verkennen, daß auch diese Theorie Schwächen aufweist. Vor allem stellt sich das Problem, daß ein Staat ohne Staatsgewalt zwar für eine gewisse Übergangszeit, unter dem Gesichtspunkt der Effektivität aber nicht ad infinitum existieren kann. Diese Übergangsphase darf nicht von allzu langer Dauer sein; im fraglichen Zeitraum müssen sich die Beteiligten wenigstens über die Ungeklärtheit der Situation einig sein und dies auch konkludent zum Ausdruck bringen. Eine derartig ungeklärte Lage existierte beispielsweise für kurze Zeit im erwähnten Fall des Memel-Gebiets.

Da keine deutsche Instanz gesamtdeutsche Staatsgewalt ausübt, bleibt nur eine von den Alliierten sequestrierte deutsche Staatsgewalt. Diese ist in den alliierten Vorbehaltsrechten und Verantwortlichkeiten auf „Deutschland als Ganzes" seit Beendigung der Kontrollratstätigkeit eher negativ abgegrenzt. Jedoch waren die Vier Mächte auf Grund der Weigerung der UdSSR in letzter Zeit nicht mehr imstande, gemeinsam auf diese Rechte und Verantwortlichkeiten auch nur hinzuweisen. 1955 waren die Sowjets noch bereit, ihre Verantwortung für „Deutschland als Ganzes" in einem Vertrag zu benennen[1]. In der darauf folgenden Zeit hat sich die UdSSR eines solchen konkreten Hinweises enthalten. In dem letzten Vertrag, den die Alliierten auf Grund der ihnen zustehenden Rechte abgeschlossen haben, nämlich dem Viermächte-Abkommen über Berlin vom 3. 9. 1971, fehlt ebenso ein solcher ausdrücklicher Hinweis. Dort heißt es nur noch, daß die Viermächte handeln „auf der Grundlage ihrer Viermächte-Rechte und -Verantwortlichkeiten und der entsprechenden Vereinbarungen und Beschlüsse der Viermächte aus der Kriegs- und Nachkriegszeit, die nicht berührt werden ...", doch fehlt der Hinweis auf das Objekt dieser Rechte, nämlich auf „Deutschland als Ganzes". Zwar bedeutet der Umstand, daß das Objekt der Viermächte-Verantwortung nicht genannt wird, daß es ein solches Objekt nicht mehr gibt. Worauf sollte die Viermächte-Verantwortung sich auch sonst beziehen[2]? Wenn jedoch ein Staat, dessen Staatsgewalt ruht, nicht endlos, sondern nur für eine gewisse Übergangszeit existieren kann, so ist gerade der Betonung der Viermächte-Rechte für Gesamtdeutschland eine ausschlaggebende Bedeutung beizumessen[3]. Mag es derzeit noch möglich sein, an einem gesamtdeutschen Dach festzuhalten, so läßt sich diese Konstruktion bei einem anhaltenden Verzicht auf die konkrete Bezeichnung des als Bezugspunkt der Viermächte-Verantwortung bestehenden gesamtdeutschen Staates auch völkerrechtlich nicht mehr lange aufrecht erhalten. Hinzu kommt, daß es auch in den Ostverträgen nicht gelungen ist, den Begriff „Deutschland als Ganzes" unterzubringen. Dort ist nur noch die Rede davon, daß „früher geschlossene zweiseitige oder mehrseitige (sie betreffende) internationale Verträge und Vereinbarungen nicht berührt werden" (vgl. Art. 4 Moskauer Vertrag, vgl. Art. 4 Warschauer Vertrag, Art. 9 Grundvertrag)[4].

Dennoch besteht in Deutschland noch eine ungeklärte Rechtslage, die auch durch den Grundvertrag nicht behoben worden ist: Beide deut-

[1] Vgl. Präambel des Vertrages über die Beziehungen zwischen der DDR und der UdSSR vom 20. 9. 1955, abgedruckt in: Ingo v. Münch, Dokumente, S. 440.

[2] Die Sowjets haben sich auch nie den Rückweg versperrt wieder anders zu verfahren, sollte es ihnen opportun erscheinen. a. M. Schulz - Schaeffer, S. 22 - 28.

[3] s. dazu Frowein, Viermächteverantwortung für Deutschland, S. 3.

[4] Vgl. dazu auch Oppermann, „Deutschland als Ganzes", S. 373.

sche Staaten haben im Zusammenhang mit Art. 9 des Grundvertrages Noten an die Vier Mächte gesandt (die Bundesrepublik an die USA, Großbritannien und Frankreich; die DDR an die Sowjetunion), in denen sie nochmals betonen, daß die Rechte und Verantwortlichkeiten der Vier Mächte durch den Grundvertrag nicht berührt werden[5]. In einer solchen Lage, die durch einmalige Ungeklärtheit ausgezeichnet ist, liegt die Frage nahe, ob mit den herkömmlichen Rechtstheorien der Fall Deutschland noch faßbar ist.

Da sämtliche Rechtstheorien für Deutschland insgesamt wenig praktischen Nutzen gebracht haben, muß die Frage aufgeworfen werden, ob dem in der Geschichte einzigartigen Phänomen der derzeitigen, immer noch ungeklärten Lage Deutschlands mit Theorien und gängigen Definitionen überhaupt beizukommen ist. Ein Blick in die Geschichte lehrt, wie selten Deutschland als Staat einen völkerrechtlichen „Normalfall" darstellte[6].

„Deutschland ist kein Staat mehr. Es ist kein Streit mehr darüber, unter welchen Begriff die deutsche Verfassung falle. Was nicht mehr begriffen werden kann, ist nicht mehr." Diese Sätze stammen nicht von Erich Honecker, sondern wurden von Georg Friedrich Hegel wenige Jahre vor dem Ende des Heiligen Römischen Reiches geschrieben[7]. Pufendorf nannte das Reich ein „unregelmäßiges und fast monströses Staatsgebilde (irregulare aliquod monstro simile)[8]. Das Schattendasein eines gesamtdeutschen Staates zu dieser Zeit wird auch aus dem verzweifelten Ausruf des bayerischen Rechtsgelehrten Kreittmayr deutlich, der zu dem Ergebnis kam, das deutsche Reich werde zwar „des gemeinsamen Zweckes halber für einen Corpus zusammen geachtet", aber dadurch werde „in dem ganzen jure publico germanico lediglich gar nichts decidiret"[9]. 1766 verkündete Johann Jacob Moser zum Schluß seiner Untersuchungen über die Staatsform des Reiches: „... daß es mehrenteils auf ein ohnnützes Schulgezänk hinauslaufe, wenn man die Regierungsform des Teutschen Reiches unter eine schulmäßige Rubric bringen wollte ... Teutschland wird auf teutsch regiert und zwar so, daß sich kein Schulwort oder wenige Worte darzu schicken, unsere Regierungsart begreiflich zu machen[10]."

---

[5] Der Text der Noten ist abgedruckt in International Legal Materials (I.L.M.) 12, 1973, S. 20.

[6] Vgl. den anschaulichen Aufsatz von Gustav Heinemann: Staatliche Formen deutscher Nation, S. 3.

[7] Hegel, Der Staat, S. 106.

[8] Samuel v. Pufendorf (Severinus de Monzambano): De Statu Imperii Germanici, cap. VI, § 9.

[9] Wigulaeus Xaverius von Kreittmayr: Grundriß des allgemeinen deutschen und bayrischen Staatsrechts, § 4.

[10] Moser, Neues Teutsches Staatsrecht, I, Cap. I, § 21 (S. 17), ders., Staatsverfassung, S. 547 und 550; eine Sammlung weiterer Zitate findet sich bei

Obwohl es verfehlt wäre, Parallelen zwischen der Wende des 18./19. Jahrhunderts und dem Jahre 1975 ziehen zu wollen, so bietet die rechtliche Situation des Heiligen Römischen Reiches doch Anschauungsmaterial zur Auffindung von Lösungsmöglichkeiten für eine ganze Reihe völkerrechtlicher Probleme[11], und sei es auch nur zur Erkenntnis, wie zutreffend Mosers Worte auch heute sind, daß sich nämlich Deutschlands Rechtslage nicht in schulbuchmäßige Schemata fügen läßt. Diese Erkenntnis bedeutet andererseits nicht, daß es auf die Frage nach dem Status Deutschlands ein „non liquet" als Antwort gibt. Eine solche Antwort darf es im Staatsrecht wie sonst im Recht auch nicht geben.

II. Internationale Beispiele für staatsangehörigkeitsrechtliche Sonderbeziehungen

Gerade weil nur eine solche Lösung, die sich im Rahmen des völkerrechtlich Zulässigen hält, Aussicht auf Durchsetzbarkeit bietet, ist nach internationalen Vorbildern Ausschau zu halten, die staatsangehörigkeitsrechtliche Sonderbeziehungen kennen.

1. Die Interessenvertretung und die Schutzmacht

Manche Staaten, vor allem Kleinstaaten, lassen sich im internationalen Rechtsverkehr durch andere vertreten. Auch kennt das Völkerrecht die Möglichkeit, daß ein Staat einem anderen als seinem Interessenvertreter die Betreuung seiner Angehörigen in Drittstaaten anvertraut hat[12]. Dies ist auf Grund vertraglicher Vereinbarungen möglich. Eine solche delegierte Protektion üben beispielsweise die Schweiz für Liechtenstein[13] und Italien für San Marino[14] auf der Grundlage von Ersuchen der beiden Kleinstaaten in den Ländern aus, in denen diese keine eigene Vertretung unterhalten. Beim Abbruch diplomatischer Beziehungen zwischen zwei Staaten kann eine Schutzmacht beauftragt werden, die auch diplomatischen Schutz und Fürsorge für die Angehörigen des Auftraggeber-Staates übernimmt. Da es sich um ein delegiertes Recht handelt, gilt diese Ermächtigung stets nur für den Einzelfall. Die Schweiz, die häufig Schutzmachtfunktionen ausübt, holt deshalb stets das Einverständnis des Staates ein, in dem der Schutz

---

Kimminich: Deutschland als Rechtsbegriff und die Anerkennung der DDR, DVBl 1970, S. 437.

[11] Vgl. A. Randelzhofer, Völkerrechtliche Aspekte des Heiligen Römischen Reiches nach 1648, Vorwort.

[12] Wie es Danzig gegenüber Polen getan hat (Vertrag Danzigs mit Polen vom 9. 11. 1920, SdN Recueil de Traité vol. 6 No. 153, S. 189).

[13] Martens NRG 3. sér XXIII, 543.

[14] Rivista di diritto internazionale XXXII, S. 292.

ausgeübt werden soll[15]. Mit einer solchen Interessenvertretung, die stets eine Beauftragung voraussetzt, wird allein noch keine Sonderbeziehung begründet. Aber auch solche existieren.

2. Partikulare Regelungen

a) Die Nordische Konvention

Von Interesse ist die StA.-Regelung in den Staaten des Nordischen Rates. Die skandinavischen Länder, die durch eine gemeinsame Geschichte (teilweise in Real-, teilweise in Personalunion untereinander vereinigt) miteinander verbunden gewesen waren und die sich zuletzt mit dem Zerbrechen der Union zwischen Norwegen und Schweden zu Beginn des Jahrhunderts sowie der endgültigen Verselbständigung Islands im Jahre 1944 auseinander gelebt hatten, haben nach Ende des zweiten Weltkriegs ihre Zusammenarbeit durch Errichtung des Nordischen Rates intensiviert[16]. Nachdem die Justizminister von Dänemark, Schweden und Norwegen schon 1946 ein Skandinavisches Kommitee für legislative Zusammenarbeit ins Leben gerufen hatten, gelang 1950 die Einführung übereinstimmender StA.-Gesetze in diesen Ländern[17]. Für Zwecke einer besonderen Zusammenarbeit im rechtlichen, wirtschaftlichen, sozialen und kulturellen Bereich haben schließlich Dänemark, Finnland, Island, Norwegen und Schweden am 23. März 1962 in Helsinki die Nordische Konvention unterzeichnet[18]. Danach wollen die Vertragspartner „weiterhin bemüht sein, einen möglichst hohen Grad an rechtlicher Gleichstellung zwischen einem Bürger eines nordischen Landes, der in einem anderen nordischen Land wohnt, und den Bürgern seines Gastlandes zu erreichen" (Art. 2). Nach Art. 3 der Konvention wollen sich die Vertragsparteien bemühen, Bürgern eines nordischen Landes die Erwerbung der Staatsbürgerschaft eines anderen nordischen Staates zu erleichtern.

Läßt sich dieses Modell auf Deutschland übertragen? Eine Anlehnung an das skandinavische Vorbild würde folgendes bedeuten:

1. Voraussetzung wäre eine vertragliche Regelung mit der DDR. Nur dann ließe sich eine entsprechende Gleichbehandlung ermöglichen.

---

15 Dahm III, S. 31; Verdross, S. 271 ff.; Bertschy, Die Schutzmacht im Völkerrecht, S. 50; siehe dazu auch den interessanten Beitrag von Edward Palyga, Consular Protection with the Participation of a Third State in Polish Practice, S. 265.

16 Vgl. dazu Engelhardt, Die Zusammenarbeit der Nordischen Staaten, S. 299 ff.

17 Übereinkommen zwischen Dänemark, Norwegen und Schweden betr. erleichterten gegenseitigen StA.-Erwerbs vom 21. 12. 1950 (UNTS Bd. 90, S. 3) deutscher Text in Sammlung Bd. 30, S. 80.

18 Deutscher Text (Übersetzung) in EA 1962, Dok. S. 313 ff.

2. Das nordische Modell entspricht in etwa den Lösungsvorschlägen, die eine „Inländerbehandlung" für DDR-Bürger vorsehen.
3. Eine Einführung übereinstimmender StA.-Gesetze würde vielfach Kollisionen bei Erwerb und Verlust der StA vermeiden helfen. Eine solche Identität ist jedoch wie gesagt weder praktikabel noch wünschenswert.
4. Das „nordische Modell" würde ein Ende der deutschen StA bedeuten. Nach der Nordischen Konvention werden die einzelnen StAn ja nicht aufgehoben, sondern erfahren eher eine weitgehende Gleichstellung.

Aus den beiden letztgenannten Gründen ist eine Anlehnung an das Nordische Modell problematisch, wenngleich bestimmte Elemente dieser Regelung auch für die deutsche Situation nutzbar gemacht werden können.

b) Die Westafrikanische Konvention

Interessante StA.-rechtliche Sonderbeziehungen tauchen auch in der 1965 von 5 westafrikanischen Staaten (Elfenbeinküste, Dahome, Niger, Obervolta, Togo) beschlossenen „Konvention über die Errichtung einer doppelten Staatsangehörigkeit" auf[19]. Dort heißt es in der Präambel, daß das „Prinzip der Doppelstaatigkeit der beste Weg ist, die afrikanische Einheit zu erzielen". In Art. 1 wird die Verpflichtung der Vertragspartner statuiert, die Doppelstaatigkeit auf Grund folgender Prinzipien einzuführen:

1. Die Staatsangehörigen eines der vertragschließenden Staaten sollen die Gesamtheit der Rechte genießen, die der aufnehmende Staat seinen eigenen Staatsangehörigen gewährt.
2. Sie sollen den gleichen Verpflichtungen wie die Staatsangehörigen des genannten Staates unterliegen.

Nähere Einzelheiten, wie vor allem die Definition der Doppelstaatigkeit, sollen durch „besondere Abkommen" festgesetzt werden. Solche „besonderen Abkommen" sind indes bislang nicht zustandegekommen, wie insgesamt der Plan einer afrikanischen Doppel- oder Multinationalität im Sande zu verlaufen scheint[20]. Wegen ihrer Unklarheiten scheint diese Konvention für Deutschland als Vorbild deshalb kaum geeignet. Immerhin ist auch sie ein Denkmodell für eine neuartige Regelung sta.-rechtlicher Sonderbeziehungen.

---

[19] Text in Sammlung Bd. 30, S. 102.

[20] Tomson, Die Staatsangehörigkeit des frankophonen Schwarzen Afrika, S. 6 f., in Sammlung Bd. 28; Zu den Schwierigkeiten westafrikanischer Integration s. Klaus Frhr. v. d. Ropp: Elfenbeinküste und Conseil de l'Entente, S. 117.

c) Das Commonwealth-Modell

Eher läßt sich die bereits erwähnte Lage im Commonwealth of Nations nutzbar machen. Die Sonderbeziehungen des Commonwealth beruhen auf einem historisch gewachsenen Einverständnis seiner Mitglieder, der „common allegiance“ zur Krone, die wenigstens symbolisch als „head of the Commonwealth“ angesehen wird. Zwar kann es nicht darum gehen, die derzeitige Situation Deutschlands mit der des Commonwealth gleichzusetzen. Das schließt aber nicht aus, in der dortigen Rechtsordnung nach Anregungen für eine auf *vertraglicher Einigung* mit der DDR beruhenden staatsangehörigkeitsrechtlichen Sonderregelung zu suchen. Nutzbar gemacht werden kann vor allem der Umstand, daß das Commonwealth eine doppelte StA dergestalt kennt, daß neben bzw. über den nationalen StAn der Mitgliedstaaten die auf dem „common status“ beruhende „Commonwealth citizenship“ steht. Diese Commonwealth citizenship ist zwar keine volle StA im völkerrechtlichen Sinne, doch beruht auf ihr das Recht des Vereinigten Königreichs, in Drittstaaten diplomatischen Schutz auch für Angehörige aus Commonwealthstaaten auszuüben, die zu dem betreffenden Drittstaat keine diplomatischen oder konsularischen Beziehungen unterhalten[21]. Interessant ist dabei die Phase des Commonwealth zwischen den beiden Weltkriegen, als der Status des British subject (d. h. Commonwealth citizen) gleichzeitig der StA des Vereinigten Königreichs selbst entsprach[22]. Für die deutsche Situation ließe sich dieses Modell folgendermaßen anwenden:

Vorschlag 1 (Vertragliche Lösung)

Die DDR Staatsbürgerschaft wird von der Bundesrepublik anerkannt. Die deutsche StA, die auch die DDR-Bürger erfaßt, und die DDR-Staatsbürgerschaft bleiben parallel nebeneinander bestehen. Die Bürger der DDR besäßen dann eine doppelte StA[23]. In Konfliktfällen wäre, wie auch sonst bei doppelten StAn üblich, auf den Wohnsitz abzustellen. Bei Schwierigkeiten, die in Drittstaaten entstehen, würde Art. 5 der Haager Konvention eingreifen, wonach ein Doppel-Staatsangehöriger so zu behandeln ist, als besäße er nur eine StA. Der Drittstaat *braucht* dabei nur die StA desjenigen Staates anzuerkennen, in dessen Gebiet der Betreffende seinen gewöhnlichen oder hauptsächlichen Aufenthalt hat oder dem er am meisten verbunden scheint. Das heißt aber nicht,

---

21 Joseph, Nationality and Diplomatic Protection, S. 213 ff.; Parry, Plural Nationality and Citizenship with Special Reference to the Commonwealth, S. 244.

22 Frowein, ICLQ 1974, S. 115.

23 So Maunz in Maunz / Dürig / Herzog, Art. 16 Rdn. 23, freilich als Interpretation der derzeitigen Lage; zur doppelten Staatsangehörigkeit: Castro, La Nationalité, la double nationalité et la supranationalité, S. 515.

daß der Drittstaat unbedingt nur diese StA anerkennen muß. Es steht ihm frei, auch die Geltung der anderen StA anzuerkennen. Unter dieser Voraussetzung ist die Möglichkeit eröffnet, DDR-Bürgern in Drittstaaten durch die Vertretung der Bundesrepublik Schutz und Fürsorge angedeihen zu lassen[24].

Eine Regelung nach diesem Modell würde nicht gegen Art. 16, 116 GG verstoßen. Da die deutsche StA bestehen bliebe, würde ein Entzug, wie ihn Art. 16 GG verbietet, vermieden. In dem Umstand, daß die deutsche StA für die Bürger der DDR nicht die einzige StA darstellt, kann auch keine Verletzung der Art. 16, 116 GG gesehen werden. Beide Artikel verbieten nicht den Besitz einer anderen Staatsangehörigkeit neben der deutschen. Auch im Grundvertragsurteil ist eine Doppel-StA nicht verboten worden. Das „Commonwealth Modell" würde keinerlei Verschlechterung gegenüber der derzeitigen Situation, wie sie das Bundesverfassungsgericht ja gerade verhindern wollte, bedeuten. Der Status des Deutschen würde nicht weiter verkürzt, auch würden keinerlei Unterschiede zwischen den Bürgern der Bundesrepublik und den anderen Deutschen gemacht. Beide hätten die gleiche deutsche StA. Soweit völkerrechtlich zulässig, könnten die Vertretungen der Bundesrepublik weiterhin Schutz und Fürsorge gewähren. Diese Lösung hielte sich also im Rahmen des Grundgesetzes. Wie die Sonderbeziehungen im Commonwealth nur im Einverständnis seiner Mitglieder funktionieren, so wäre auch für eine Realisierung dieses Modells eine einverständliche Regelung mit der DDR Voraussetzung. Art. 7 Grundvertrag sieht Folgeverträge, auch zur Zusammenarbeit im Rechtsverkehr, vor. Dazu kann auch eine entsprechende Vereinbarung mit der DDR gehören. Zwar ist ihr Konsens dazu derzeit nicht gegeben, seine Erreichung auf dem Verhandlungswege muß trotzdem nicht völlig ausgeschlossen sein. Dies könnte beispielsweise der Fall sein im Hinblick auf die Präferenzen in der Europäischen Gemeinschaft, welche die DDR als „Nicht-Ausland" genießt[25].

d) Das Irische Modell (England — Irland)

Auch der zweite Vorschlag erfordert das Einverständnis der DDR, nicht unbedingt jedoch eine vertragliche Regelung. Er orientiert sich an den „besonderen Beziehungen", die seit 1949 zwischen Großbritan-

---

[24] Bei einer weiteren politischen Klimaverbesserung zwischen Bundesrepublik und DDR mag auch an eine Regelung gedacht werden, die es umgekehrt Bürgern der Bundesrepublik ermöglicht, in solchen Staaten die Hilfe der DDR-Vertretungen in Anspruch zu nehmen, in denen die Bundesrepublik keine Repräsentanz unterhält.

[25] Siehe zu diesem Komplex Tomuschat, EWG und DDR, völkerrechtliche Überlegungen zum Sonderstatus des Außenseiters einer Wirtschaftsunion, S. 298 ff.

nien und der Republik Irland bestehen. Beide Staaten betrachten einander nicht als Ausland, ihre Beziehungen stellen deshalb gerade für Deutschland einen aufschlußreichen Modellfall dar[26]. Die Republik Irland war 1949 aus dem Commonwealth ausgeschieden und hatte damit die letzte Beziehung zur englischen Krone abgebrochen. Da aber enge wirtschaftliche, soziale und kulturelle Bindungen zwischen Großbritannien und Irland bestanden, bemühte sich Großbritannien, Irland trotz der rechtlichen Loslösung im „Großbritannischen Verband" zu halten, jedenfalls nicht als Ausland zu betrachten. Der (britische) Ireland Act von 1949[27], der eine einseitige Erklärung Großbritanniens darstellt, bestimmte in Art. 2 Abs. 1, daß unbeschadet der Tatsache, daß Irland nicht mehr Teil der Dominions ist, „die Republik Irland für die Zwecke jedes Gesetzes, das in irgendeinem Teil des Vereinigten Königreichs ..., in Kraft steht, kein Ausland sein soll". Aber auch Irland stimmte dieser Sonderbeziehung zu, verwies auf die besonderen Beziehungen zu Großbritannien und betonte, daß das Vereinigte Königreich nicht als Ausland angesehen werde und seine Staatsbürger nicht als Ausländer behandelt werden würden, ebenso wie Iren nicht als Ausländer im Vereinigten Königreich behandelt würden. Gleichzeitig wurde jedoch die Selbständigkeit im Verhältnis zu dritten Staaten betont[28]. Dementsprechend haben irische Staatsangehörige in Großbritannien im Verhältnis zu Ausländern erhebliche Vorteile. Während Ausländer nur unter bestimmten Voraussetzungen eingebürgert werden, haben Iren weiterhin die Möglichkeit nach Art. 6 British Nationality Act von 1948[29] auf Antrag als Staatsangehörige des Vereinigten Königreichs registriert zu werden. Im Gegenseitigkeitsverhältnis gewährt auch Irland nach Art. 26 des Irish Nationality and Citizenship Act von 1956[30] dem Vereinigten Königreich die staatsbürgerrechtliche Gleichstellung für dessen Angehörige[31].

Besonders interessant ist dabei die Regelung der Betreuung irischer Staatsangehöriger in Drittstaaten. Irische Staatsangehörige werden in solchen Ländern von den britischen Vertretungen betreut, in denen Irland keine eigenen Botschaften unterhält. Das hat sicherlich zunächst

---

26 Rest / Mössner, Der Ireland Act von 1949, Vorbild für Staaten, die einander nicht als Ausland betrachten, S.194.

27 12 & 13 GEO. 6 ch. 41.

28 Mansergh, Documents and Speeches on British Commonwealth Affairs 1931 - 1952, II S. 802 (806).

29 Text bei Parry, S. 221.

30 Text bei Parry, S. 943 (969).

31 Es ist freilich hinzuzufügen, daß der britische Immigration Act von 1971 der bevorzugten Behandlung der Iren in Großbritannien Schranken setzte. Die ist eine Folge der Spannungen auf Grund der Nordirland-Frage, vgl. dazu McDonald, The New Immigration Law, S. 42.

praktische Gründe. Der irische auswärtige Dienst ist zahlenmäßig klein (Irland besitzt nur etwa 30 auswärtige Vertretungen). Dennoch kann in dem Tätigwerden Großbritanniens nicht nur eine reine Interessenvertretung gesehen werden. Laut Auskunft des irischen Außenministeriums[32] beruhte die Betreuung von Iren durch britische Dienststellen bis zum Jahre 1967 auf ad hoc getroffenen mündlichen Übereinkommen. Nachdem es im Verlauf krisenhafter Entwicklungen auf Zypern zu Unklarheiten wegen der Betreuung irischer Staatsbürger auf der Insel gekommen war (Irland unterhielt dort keine Vertretung), wurde die Frage in einem Briefwechsel zwischen der Irischen Botschaft in London und dem britischen Foreign Office im Jahre 1967 geklärt[33]. Nach diesem Briefwechsel sind die Vertretungen Großbritanniens verpflichtet, in all den Ländern für Irland zu handeln, in denen Irland selbst keine Vertretungen unterhält[34]. Für die Betreuung der Staatsangehörigen wurde bestimmt: „an Irish Citizen is to be treated as a British Citizen for the purpose of diplomatic protection." Die britischen Vertretungen sind also verpflichtet, Iren *genauso* wie die eigenen Staatsangehörigen zu behandeln und nicht nur wie die Angehörigen eines Landes, dessen Interessen sie vertreten. Der Unterschied zur Interessenvertretung ergibt sich aus dem Umstand, daß beide Staaten einander nicht als Ausland betrachten. Damit unterscheidet sich auch das Verhältnis England-Irland von dem der Schweiz zu Liechtenstein[35]. Die England-Irland Beziehungen lassen sich also nicht ohne weiteres in die Rubrik „völkerrechtliche Stellvertretung" einfügen. Sie stellen vielmehr eine besondere, von der Regel abweichende Erscheinung dar[36].

Vorschlag 2 (vertragliche bzw. einverständliche Lösung)

Das irische Modell, auf Deutschland angewendet, würde zunächst gleichfalls die Zustimmung (wenn auch eventuell nur eine stillschwei-

---

[32] Über die Irische Botschaft in Bonn vom 23. 3. 1975.

[33] Der Briefwechsel ist nicht veröffentlicht worden. Nach Auskunft der Irischen Botschaft in Bonn (Mr. Hayes) wird eine diskrete Behandlung der Frage bevorzugt.

[34] In dem Briefwechsel heißt es: „Britain acts for Ireland." Ausnahmen sind nur im Falle von Algerien und Ägypten gemacht worden, wo Italien irische Interessen vertreten sollte. Davon ist jedoch nur Algerien übrig geblieben, da Irland in Ägypten mittlerweile selbst eine Botschaft eröffnet hat.

[35] Aufschlußreich hierzu ist der Notenwechsel zwischen der Schweizer Botschaft in Stockholm und dem schwedischen Außenministerium aus dem Jahre 1919. Die Schweiz hatte Schweden von der Übernahme liechtensteinischer Interessen Mitteilung gemacht. In der schwedischen Antwortnote vom 18. 11. 1919 (Martens NRG 3. sér XXIII, 544) hieß es: „... les démarches faites par la Légation et les Consulats de Suisse au nom de sujets liechtensteinois recevront toujours de la part des autorités suedoises un bienveillant accueil."

[36] Die Abgrenzung ist schwierig und in der Literatur nur angedeutet. Vgl. Parry, S. 122 - 123; Brownlie, Principles of Public International Law, S. 388 ff.

gende) der DDR erfordern. Gegen ihren ausdrücklichen Willen ist es jedenfalls nicht durchführbar. Im Prinzip wäre es eine logische Fortentwicklung der von der Bundesregierung behaupteten Nicht-Auslandsbeziehungen zur DDR, wie sie auch im Grundvertragsurteil vorgeschrieben worden sind[37]. Ebenso wie Großbritannien die selbständige irische Staatsangehörigkeit anerkannt hat, müßte die Bundesrepublik die DDR-Staatsbürgerschaft anerkennen. Sodann müßte die Bundesrepublik die DDR-Bürger durch einseitigen Akt oder vertraglich als Nicht-Ausländer deklarieren. Diesem Verfahren müßte mindestens eine reziproke Praxis in der DDR entsprechen, die Einwohner in der Bundesrepublik gleichfalls nicht als Ausländer zu behandeln und sie auch nicht dem formellen Einbürgerungsverfahren zu unterwerfen, sondern bei Übersiedlung gegebenenfalls zu registrieren. Soweit entspricht eine solche Regelung der derzeitigen Praxis, die, wenn auch ohne Absprache, von beiden deutschen Staaten betrieben wird (siehe oben Kap. A I 3).

Bedeutsamkeit erlangt das irische Modell aber darüber hinaus für die Behandlung der StAngn in Drittstaaten. Hier wäre eine Absprache denkbar, wonach ähnlich dem englisch-irischen Briefwechsel „für die Zwecke diplomatischen Schutzes die Bürger der DDR als Deutsche zu betrachten sind". Mit einer solchen Formulierung wäre den Dienststellen der Bundesrepublik ein Rechtsgrund gegeben, DDR-Bürger als eigene Staatsangehörige zu behandeln. Nur auf diese Weise ließe sich die Nicht-Auslandsbeziehung auch gegenüber Drittstaaten durchsetzen. Der erste Teil dieses Modells entspricht im wesentlichen Scheuners Interpretation von Art. 16, 116 GG als der „offenen Tür" für DDR-Bürger. Originalität erlangt er aber im Bereich der dritten Staaten, in denen DDR-Bürger dann „als Deutsche" betrachtet werden könnten.

Es ist aber fraglich, ob eine solche Lösung noch mit dem Grundgesetz vereinbar ist. Großbritannien und Irland besitzen trotz ihrer Nicht-Auslandsbeziehungen zwei getrennte Staatsangehörigkeiten, die im Gegensatz zum Commonwealth keinerlei Verknüpfung miteinander aufweisen. Die Inländerbehandlung, die beide Staaten einander für ihre Angehörigen gewähren, sind in gemeinsamen Notwendigkeiten und Interessen begründet. Gegen diese Regelung könnte zwar formalrechtlich geltend gemacht werden, daß durch sie die gemeinsame deutsche StA aufgehoben wird. Deshalb könnte die irische Lösung Art. 16, 116 GG zuwiderlaufen. Zieht man aber gerade die Interpretation des Bundesverfassungsgerichts im Grundvertragsurteil heran, so ließe sich aus folgenden Erwägungen das irische Modell als materiell noch vereinbar mit dem Grundgesetz betrachten: Eine derartige Konstruktion könnte mehr Gemeinsamkeit zwischen den Bürgern der

---

[37] BVerfGE 36, 17.

Bundesrepublik und der DDR schaffen, als dies bei Aufrechterhaltung eines zur reinen Fiktion erstarrten Rechtsinstituts „Deutsche Staatsangehörigkeit“ der Fall wäre. Das Bundesverfassungsgericht hat ausdrücklich hervorgehoben, daß zur staatlichen Reorganisation Deutschlands verschiedene völkerrechtliche Wege möglich sind[38]. Läßt sich mehr Gemeinsamkeit durch vertraglich gesicherte Gleichbehandlung der Bürger beider Staaten erzielen, so könnte darin eine derartige Variante auf dem Wege zur Reorganisation gesehen werden. Auch bei einer vertraglich abgesicherten Gleichbehandlung im Sinne der englisch-irischen Beziehungen wird der Status des Deutschen im Sinne des Grundgesetzes im realen Bereich weder gemindert noch verkürzt. Das Urteil gebietet ja, daß Bürger der DDR in der Bundesrepublik als Deutsche im Sinne des Grundgesetzes zu behandeln sind[39], und daß es für die Vertretungen der Bundesrepublik im Ausland keinen Unterschied zwischen den Bürgern der Bundesrepublik und den anderen Deutschen geben dürfe[40]. Eine Lösung, die sich an den erwähnten Bestimmungen des Ireland Act, des britischen und irischen Nationality Acts sowie den im Briefwechsel zur Betreuung der StAn verwendeten Formulierung von der Gleichbehandlung für die Zwecke diplomatischen Schutzes orientiert, könnte mit den verfassungsgerichtlichen Geboten noch in Einklang stehen.

III. Vorschlag 3 (nichtvertraglich)

1. Die Einführung von Landesangehörigkeiten in der Bundesrepublik

Der dritte Lösungsvorschlag versucht, die deutsche StA im Fall des Fehlschlags einer Einigung mit der DDR zu erhalten.

Zurückzukommen ist dabei auf Gedanken, die in den genannten Vorschlägen von Blumenwitz (Vermittlung der gesamtdeutschen StA durch eine Teilordnungszugehörigkeit analog der bis 1934 geltenden Fassung des RuStAG), Bernhardt (Umdeutung) und Zieger (Anerkennung der gegenseitigen Regelungskompetenz, Dualismus) enthalten sind. Die Lösung, die vorgeschlagen wird, ist bislang nur recht vorsichtig von Partsch[41] und Kriele[42] angedeutet worden. Sie lautet: (Wieder)-herstellung von Landesangehörigkeiten der zehn westdeutschen Bundesländer, aber Beibehaltung der bisherigen Regelung für Berlin (West).

---

[38] BVerfGE 36, 26.

[39] BVerfGE 36, 31.

[40] BVerfGE 36, 32.

[41] Partsch, Bekämpfung der rassischen Diskriminierung im Rahmen des Schutzes der Menschenrechte, S. 133 Fußn. 49.

Der Sinn des Vorschlags liegt darin, daß wieder eine *zweistufige* StA geschaffen wird[43].

Durch die StA in einem Bundesland wird (wie bis 1934) die deutsche StA vermittelt. Damit würde die Bundesrepublik dem Beispiel anderer Bundesstaaten folgen. Die Möglichkeit hierzu ergibt sich aus dem Grundgesetz.

a) Verfassungsrechtliche Zulässigkeit

Das Grundgesetz spricht bei der Verteilung der Gesetzgebungskompetenz in Art. 73 Nr. 2 von der „Staatsangehörigkeit im Bunde", über die der Bund das Recht der ausschließlichen Gesetzgebung besitzt, und in Art. 74 Nr. 8 von der „Staatsangehörigkeit in den Ländern", die in den Bereich der konkurrierenden Gesetzgebung fällt. Vom Recht des Art. 73 Nr. 2 hat der Bundesgesetzgeber auf dem Wege zahlreicher Änderungen zum RuStAG Gebrauch gemacht, von dem Recht nach Art. 74 Nr. 8 haben bisher weder Bundes- noch Landesgesetzgeber Gebrauch gemacht. Wie oben geschildert, sehen einzelne Landesverfassungen Landesstaatsangehörigkeiten vor, jedoch existieren keine entsprechenden Landesstaatsangehörigkeitsgesetze (s. Kap. A I 2).

Ob die Länder auch ohne solche Gesetze StAn besitzen, ist strittig[44]. Da sie Staatsqualität besitzen, ist eine wichtige Voraussetzung für die Existenz einer StA gegeben. Das Fehlen eines StA.-Gesetzes braucht keinen Mangel darzustellen, da ein solches Gesetz nur deklaratorischen, nicht konstitutiven Charakter besitzt. Jedoch ist es nicht erforderlich, dieser Frage hier weiter nachzugehen, da der einzuschlagende Lösungsweg ohnehin die Schaffung von Gesetzen zur Regelung der Landes-StA vorsieht. Danach ist zunächst von einer staatsrechtlichen Bedeutung der Landes-StA auszugehen.

b) Völkerrechtliche Bedeutung

In der Regel erlangt eine von einem Staat gewährte StA völkerrechtliche Bedeutung, da der betreffende Staat das Verhalten seiner Angehörigen bei deren Aufenthalt im Ausland in einem gewissen Rahmen steuern, aber auch ihre Behandlung durch andere Staaten in deren Bereich unter dem Gesichtspunkt der Rechtmäßigkeit, eventuell mit dem Recht diplomatischer Protektion, beobachten will. Indes hängt die völkerrechtliche Bedeutung der StA eines Gliedstaates in einem

---

[42] Kriele auf einer Veranstaltung des Königsteiner Kreises am 4. 11. 1972, zitiert nach Zieger, Deutsche Staatsangehörigkeit heute, S. 56 Fußn. 50.

[43] Nicht etwa eine dreistufige wie sie bei Zieger andeutungsweise auftaucht (Zieger, ebd., S. 56 f.).

[44] Ausführlich dazu Hoffmann, Die Staatsangehörigkeit in den deutschen Bundesländern, S. 300.

Bundesstaat weniger vom Willen des Landes ab als von der Zuständigkeit des Landes im Rahmen der Bundesverfassung[45]. Auch in einem Bundesstaat ist denkbar, daß der Gliedstaatsangehörigkeit eine gewisse völkerrechtliche Bedeutung zukommt. Die Beantwortung dieser Frage hängt wesentlich von dem Innehaben der auswärtigen Gewalt ab. Diese braucht nicht allein dem Bund zuzustehen: Das Deutsche Reich von 1871 kannte das Recht der Länder, sowohl unter sich als auch mit auswärtigen Staaten ohne Vermittlung des Reichs diplomatischen Verkehr zu pflegen. Den Gliedstaaten stand auch das aktive und passive Gesandtschaftsrecht unbeschränkt zu[46]. Die Bundesrepublik folgte aber dem Vorbild von Art. 78 der Weimarer Verfassung und übertrug in Art. 32 I GG die auswärtige Gewalt dem Bund. Art. 32 III GG gestattet den Ländern nur den Abschluß von Verträgen mit auswärtigen Staaten mit Zustimmung der Bundesregierung. Der Rahmen einer Betätigung in auswärtigen Angelegenheiten ist den Ländern also eng gezogen. Zur Gewährung diplomatischen Schutzes ist allein die Bundesrepublik befugt[47]. Für eine völkerrechtlich bedeutsame Landes-StA läßt also das Grundgesetz keinen Platz.

c) Praktische Fragen der Bedeutung der Landesangehörigkeit

α) Art. 33 I GG

Es ist geltend gemacht worden, daß Art. 33, I GG die praktische Bedeutung der Landesangehörigkeit weitgehend aushöhle[48]. Die staatsbürgerliche Gleichstellung der Deutschen nach Art. 33, I GG findet ihre historischen Vorläufer in Art. 3 der Reichsverfassung von 1871 sowie Art. 110 Weimarer Verfassung[49]. In beiden Verfassungen wird der Zusammenhang zwischen staatsbürgerlicher Gleichstellung und Landesangehörigkeit auf der Grundlage des gemeinsamen Indigenates herausgestellt. Nach beiden Verfassungen haben sich Landesangehörigkeit und staatsbürgerliche Gleichstellung nicht ausgeschlossen, wenngleich die Bedeutung der Landesangehörigkeit mit dem Ende des Kaiser-

---

45 Hoffmann, ebd., S. 316.

46 Vgl. Art. 11 ReichsVerf 1871 implizite, Anschütz, Art. 78, Ziff. 1; Sonn, Die auswärtige Gewalt des Gliedstaates im Bundesstaat, S. 97.

47 Maunz in Maunz / Dürig / Herzog, Art. 32 Rdn. 13, 61; Hoffmann, Die Staatsangehörigkeit in den deutschen Bundesländern, S. 318.

48 Maunz in Maunz / Dürig / Herzog, Art. 33 Rdn. 5, Art. 74 Rdn. 54; Schätzel, Der heutige Stand des deutschen Staatsangehörigkeitsrechts, S. 270, ders., Kommentar, S. 91.

49 Art. 110 WRV lautete: „Die Staatsangehörigkeit im Reiche und in den Ländern wird nach den Bestimmungen eines Reichsgesetzes erworben und verloren. Jeder Angehörige eines Landes ist zugleich Reichsangehöriger. Jeder Deutsche hat in jedem Lande des Reichs die gleichen Rechte und Pflichten wie die Angehörigen des Landes selbst.“

reiches abgenommen hatte[50]. Auch in der Bundesrepublik braucht eine Landesangehörigkeit nicht im Widerspruch zu Art. 33, I GG zu stehen. Zwar hat nach Art. 33, I GG jeder Deutsche in jedem Lande die gleichen staatsbürgerlichen Rechte und Pflichten. Das bedeutet aber nicht notwendigerweise, daß er alle diese Rechte in mehreren Ländern gleichzeitig ausüben kann. Vielmehr hängt dies von dem jeweiligen Recht entsprechend seiner Bedeutung ab[51]. Dafür spricht auch der Unterschied zwischen Art. 33, I GG und Art. 110 WRV: hieß es in der Weimarer Verfassung noch, daß jeder Deutsche die gleichen Rechte und Pflichten wie die Angehörigen des Landes *selbst* haben, so heißt es im Grundgesetz nur noch, daß jeder Deutsche in jedem Lande die gleichen staatsbürgerlichen Rechte und Pflichten habe. Um eine etwaige Gefährdung der Gleichstellung nach Art. 33, I GG zu vermeiden, wird vorgeschlagen, daß die Regelung von Landesangehörigkeiten durch Bundesgesetz erfolgt. Dieser Weg würde in der Sache dem Verfahren der Weimarer Republik entsprechen, in der die Materie der StA in Reich und Ländern gem. Art. 6 Nr. 3, 110 I WRV der ausschließlichen Gesetzgebungskompetenz des Reiches übertragen war.

β) Art. 36 I GG

Die Landesangehörigkeit kann Bedeutung erlangen für die Ausfüllung von Art. 36 GG, namentlich Art. 36 Abs. 1: „bei den obersten Bundesbehörden sind Beamte aus allen Ländern in angemessenem Verhältnis zu verwenden. Die bei den übrigen Bundesbehörden beschäftigten Personen sollen in der Regel aus dem Lande genommen werden, in dem sie tätig sind.“ Derzeit fehlt es an einem konkreten Bestimmungskriterium für die Forderung „aus ... Ländern“. In Ermangelung einer Landesstaatsangehörigkeit, wird derzeit auf Geburt, Abstammung oder Aufgewachsensein abgestellt, auch auf Eingliederung als Heimatvertriebene in dem betreffenden Land, wobei das Ansässigwerden nach 1945 eine Rolle spielt[52]. Anstelle dieser vagen Begriffe könnte eine Landesangehörigkeit ein konkreteres Bestimmungskriterium darstellen.

---

[50] Vgl. Gelhausen, Die Bedeutung der Landesangehörigkeit; Anschütz, Art. 110; Poetzsch - Heffter, Art. 110.

[51] BVerfGE 13, 54 (91); Maunz in Maunz / Dürig / Herzog, Art. 33 Rdn. 8; Röper (DÖV 1974, S. 841) verlangt z. B. zur Konkretisierung von Art. 33, I GG eine Vorschrift ähnlich Art. 43 III Schweizer Verfassung („Niemand darf in mehr als einem Kanton politische Rechte ausüben“) in das GG aufzunehmen. a. A. Jess in Bonner Kommentar, Anm. II 2 zu Art. 33; v. Mangoldt / Klein, Anm. III 3 zu Art. 33 (S. 805).

[52] Maunz in Maunz / Dürig / Herzog, Art. 36 Rdn. 6; v. Mangoldt / Klein, Bd. II, S. 850; im einzelnen: v. Stralenheim, Die Auslegung und Durchführung des Art. 36 GG, S. 628 ff.; Grabendorff, Zur Frage der Auslegung des Art. 36 Bonner Grundgesetz, S. 301 ff.

d) Bedeutung für besondere Rechte in den Ländern

Die Landesangehörigkeit kann auch ein Kriterium für die Ausübung der Rechte sein, die spezifisch dem Lande zugeordnet sind. Dieses ist z. B. beim aktiven und passiven Wahlrecht zu den Landtagen der Fall. Voraussetzung für das Wahlrecht zu den Landtagen ist derzeit nach den Landeswahlgesetzen der Länder die Innehabung des Wohnsitzes oder des Aufenthaltes seit 3 oder 6 Monaten im Lande. Sind mehrere Wohnsitze vorhanden, so ist der Hauptwohnsitz maßgeblich, der nur einmal existiert[53]. Letztlich ist damit das Melderecht entscheidend, was aber bekanntlich bereits zu Schwierigkeiten und Mißverständnissen geführt hat, da das Melderecht für diese Zwecke keine geeignete Grundlage darstellt[54]. Erinnert sei in diesem Zusammenhang an die Gefahren systematischer Wohnsitzverlegung zu Zwecken der Beeinflussung von Wahlergebnissen[55] oder die Begründung von „Scheinwohnsitzen" durch Berliner bei der Bundestagswahl 1972[56].

Eine weitere Bedeutung könnte die Landesangehörigkeit dadurch erlangen, daß die Person des Ministerpräsidenten des Landes an den Besitz der Landesangehörigkeit geknüpft wird. Eine entsprechende Regelung enthält bereits Art. 44 II der bayerischen Verfassung, wonach der Ministerpräsident Bayer sein muß[57].

e) Einzelfragen

Die Mobilität der bundesdeutschen Bevölkerung braucht einer Landesangehörigkeit nicht entgegenzustehen. Bei einer vorübergehenden Abwesenheit vom Lande kann das Wahlrecht — wie derzeit auch — durch Briefwahl ausgeübt werden. Bei einer endgültigen Übersiedlung in ein anderes Land ist vorzusehen, daß ohne Schwierigkeiten die neue Landesangehörigkeit erworben werden kann, wie es auch schon nach § 7 der bis 1934 geltenden Fassung des RuStAG der Fall war. Schließlich mag auch an die Schweiz gedacht werden, in der die (sogar

[53] Vgl. nur einmal die schwerfällige Formulierung von § 5 Abs. 2 des schleswig-holsteinischen Landeswahlgesetzes (GVBL 1966, 41): „Wer in mehreren Gemeinden des Landes Schleswig-Holstein einen Wohnsitz hat, ist in der Gemeinde wahlberechtigt, in der er nach seiner Erklärung gegenüber der Meldebehörde seinen Hauptwohnsitz hat. Wer den Wohnsitz an mehreren Orten in und außerhalb des Landes Schleswig-Holstein hat, ist nur dann wahlberechtigt, wenn die nach Satz 1 bestimmte Hauptwohnung in einer Gemeinde des Landes liegt. Wer neben einem dauernden Aufenthalt in Schleswig-Holstein einen Wohnsitz hat, ist nur dann wahlberechtigt, wenn der Wohnsitz in Schleswig-Holstein liegt."

[54] Röper, Regelung des Wahlrechts am Nebenwohnsitz in Bund und Ländern, S. 838.

[55] Röper, S. 841 Fußn. 29.

[56] Vgl. dazu Fromme, „Ein unzeitgemäßes Berlin-Privileg."

[57] Siehe Nawiasky / Leusser, S. 121.

in der Regel ererbte) Kantonszugehörigkeit kein Hindernis für die Mobilität darstellt[58]. Auch die Personalpapiere, wie Reisepaß, Personalausweis usw. müssen nicht Dokumente der Länder sein. Die entsprechenden Ausweise, Urkunden usw. der Bundesrepublik Deutschland werden beibehalten, nur wird in der Rubrik Staatsangehörigkeit die jeweilige Landesangehörigkeit hinzugefügt. Eine solche Praxis entspräche der des Deutschen Reiches, in dessen Reisepässen unter der Überschrift „Deutsches Reich" die Staatsangehörigkeit mit „Preußisch", „Bayerisch" etc. vermerkt wurde.

2. Die Auswirkungen dieser Regelung auf das Verhältnis zur DDR

Welche Konsequenzen würde die Einführung von Landesangehörigkeiten für das Verhältnis zur DDR-Staatsbürgerschaft haben?

a) Vermittlung

Wie oben (B III) gezeigt, besteht grundsätzlich die Möglichkeit Sta. in verschiedenen Stufen aufzubauen. Durch den Besitz der StA der unteren Stufe kann der Besitz der StA der höheren Stufe vermittelt werden. So wie durch den Besitz der Landes-StA in einem Land der Bundesrepublik die *deutsche* StA vermittelt wird (nicht etwa die bundesrepublikanische, die es nicht gibt), kann auch durch den Besitz der DDR-Staatsbürgerschaft die deutsche StA vermittelt werden. Dabei kommt eine völlige Gleichstellung der DDR-Staatsbürgerschaft mit der eines Bundeslandes aus den bekannten rechtlichen und politischen Gründen realiter nicht in Frage. Vielmehr kann die DDR-Staatsbürgerschaft nur in einigen Bereichen der Landesangehörigkeit gleichgestellt werden.

b) Gleichstellung von DDR-Bürgern

Die Lösung ermöglicht es, Bürger der DDR insofern als Inländer zu behandeln, als diese wie jene auf dem Wege der „Vermittlung" Deutsche sind. DDR-Staatsbürger würden somit in der Bundesrepublik auch all die Grundrechte genießen, die nach dem Grundgesetz nur den „Deutschen" zustehen. Zu nennen sind die Grundrechte der Art. 8 (Versammlungsfreiheit), Art. 9 (Vereinigungsfreiheit), Art. 12 (Berufsfreiheit) und vor allem das Recht auf Freizügigkeit (Art. 11). Die Niederlassungsfreiheit kann bei Wohnsitznahme in der Bundesrepublik realisiert werden. DDR-Bürger brauchen demnach weiterhin kein Einbürgerungsverfahren zu durchlaufen, sondern werden im Hinblick auf die Niederlassungsfreiheit wie Inländer behandelt. Damit würde eine

[58] Siehe „Niederlassungsfreiheit für alle Schweizer in allen Kantonen", FAZ vom 20. 9. 1974.

ähnliche Gleichbehandlung erzielt, wie sie z. B. auch die Länder des Nordischen Rats untereinander ihren Angehörigen angedeihen lassen oder wie sie im Verhältnis von Großbritannien und Irland praktiziert wird.

c) Nicht-Gleichstellung

Es bleiben dennoch — wie bisher — wichtige Unterschiede, die daraus resultieren, daß die DDR nicht Bestandteil des bundesstaatlichen Gefüges ist. Art. 33 Abs. I GG gilt für DDR-Bürger zwar grundsätzlich auch. Jedoch ist schon bislang hinsichtlich bestimmter Rechte und Pflichten vom bundesdeutschen Gesetzgeber differenziert verfahren, sind DDR-Bewohner nicht in allen Bereichen als Inländer behandelt worden. Im Wahlrecht beispielsweise stellt das Bundeswahlgesetz insofern eine Kuriosum dar, als DDR-Bürger ohne Wohnsitz in der BRD nach § 12 BWahlG vom aktiven Wahlrecht ausgeschlossen sind, das passive Wahlrecht hingegen ihnen nach § 15 BWahlG zusteht. So hatte das BVerfG im „Schmidt-Wittmack-Fall“ ausgeführt: „Der Bundestag ist das Repräsentationsorgan der im Geltungsbereich des Grundgesetzes lebenden Bevölkerung; sein Wirkungsraum beschränkt sich auf den Geltungsbereich des Grundgesetzes. Das Wahlrecht kann infolgedessen nur dem Teil der deutschen Bevölkerung gewährt werden, der in diesem Wirkungsbereich lebt[59].“ Die DDR begrenzt das Wahlrecht zur Volkskammer (aktiv und allerdings auch passiv) nach Art. 22 ihrer Verfassung auf die Bürger ihres Territoriums.

Auch im Wehrrecht behandeln beide deutsche Staaten die Angehörigen des jeweils anderen Staates nicht als Inländer. In der Bundesrepublik sind gemäß § 1 Abs. 1 des Wehrpflichtgesetzes DDR-Bürger von der Wehrpflicht nicht erfaßt; umgekehrt ist durch Art. 23 DDR-Verfassung auch kein Anknüpfungspunkt gegeben, etwa Angehörige eines westdeutschen Landes zur Wehrpflicht in der Volksarmee heranzuziehen. Daran sollte sich nichts ändern. Mit der Vorschaltung von Landesangehörigkeiten würde die derzeitige *faktische* Lage im Hinblick auf die DDR-Staatsbürgerschaft bestehen bleiben.

3. Die gemeinsame deutsche StA

Mit einer solchen Regelung wäre ein Weg eröffnet, die gemeinsame deutsche StA zu erhalten.

a) Völkerrechtliche Bedeutung

Die Schaffung von Landesangehörigkeiten in der Bundesrepublik stünde nicht im Gegensatz zum Völkerrecht. Die DDR wird nicht dis-

[59] BVerfGE 5, 6.

kriminiert. Es wird nicht geregelt, wie die DDR-Staatsbürgerschaft erworben wird oder verloren geht. Vielmehr wird der DDR-Staatsbürgerschaft lediglich eine Vemittlungsfunktion zugemessen mit der Folge, daß ein zusätzliches Recht gewährt wird, das dem Bürger der DDR nur Vorteile, aber keine Nachteile bringt. Er wird nicht gegen seinen Willen in Anspruch genommen. Die Gewährung einer solch bevorzugten Stellung ist allein nicht völkerrechtswidrig[60].

Es empfiehlt sich, den Bürgern der DDR *zwei* völkerrechtlich bedeutsame StAn zuzusprechen: sowohl die DDR-Staatsbürgerschaft als auch die deutsche StA. Treten in der Praxis Schwierigkeiten auf, weil Drittstaaten den Vertretungen der Bundesrepublik diplomatischen Schutz und konsularische Betreuung für DDR-Bürger verweigern, so ist auf die Grundsätze der Behandlung bei Doppelstaatsangehörigkeiten nach der Haager Konvention zurückzugreifen. Es ist nach dem Domizilprinzip zu entscheiden, d. h. ausschlaggebend ist der Hauptwohnsitz. Liegt dieser auf dem Gebiet der DDR, so kann *gegen* den Willen des Drittstaates die Vertretung der Bundesrepublik nicht aktiv werden. Erhebt der Drittstaat keine Einwände, so wächst der deutschen StA der DDR-Bürger auch völkerrechtliche Bedeutung zu. Erhebt er aber Einwände, so muß die völkerrechtliche Bedeutung der deutschen StA zurücktreten.

b) Einverständnis der DDR nicht erforderlich

Damit ähnelt dieser Vorschlag zwar im Ergebnis dem Commonwealth Modell. Im Gegensatz zu diesem ist hier aber, wie noch zu erklären sein wird, ein Einverständnis der DDR nicht unbedingt erforderlich: der Unterschied liegt in der Einführung der Länderangehörigkeiten. Nach dem „Commonwealth-Modell“ wäre nämlich die deutsche StA identisch mit der StA der Bundesrepublik. Für die DDR-Bürger stellte sie eine zusätzliche Angehörigkeit dar, die aber gleichzeitig die StA eines anderen Landes wäre. Nach diesem Modell erhielten sie also zusätzlich die Staatsangehörigkeit der Bundesrepublik. Im „Länder-Modell“ steht die westliche Landesangehörigkeit neben der DDR-Angehörigkeit. Über beiden Angehörigkeiten wölbt sich die deutsche StA, die nur für die Länder der Bundesrepublik mehr, für die DDR weniger tatsächliche Bedeutung besitzt. Das „Länder-Modell“ geht andererseits aber nicht so weit wie das „England-Irland-Modell“, in dem das gemeinsame Dach bereits entschwunden ist, die beiden souveränen gleichberechtigten Staaten nur noch durch Sonderbeziehungen verbunden sind. Die Konstruktion ließe sich in folgendem Schaubild verdeutlichen:

---

60 Wengler, Deutschland als Rechtsbegriff, S. 49 (56).

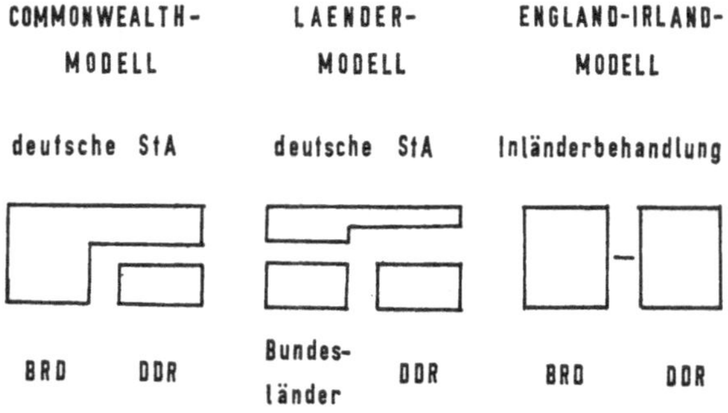

Die DDR-Bürger erhalten also nach dem Länder-Modell nicht die StA der Bundesrepublik, sondern die deutsche StA, die auch die Bürger der westdeutschen Bundesländer erst durch die Vermittlung über ihre Landesangehörigkeit erhalten. Darin liegt der Unterschied.

Eine solche Vermittlung ist auf Grund der besonderen ungeklärten Lage Deutschlands, wie sie auch die DDR nicht ändern kann, zulässig. In Art. 9 Grundvertrag hat auch die DDR das Bestehen der von den beiden Vertragspartnern früher abgeschlossenen oder sie betreffenden zweiseitigen und mehrseitigen internationalen Verträge und Vereinbarungen anerkannt. In den Rahmen dieses Vertragsnetzes gehören die alliierten Vorbehaltsrechte für Deutschland als Ganzes, die in Berlin ihren realen Ausdruck finden. Ein Leugnen dieses besonderen Rechtsstatus durch die DDR kann als ein Handeln „ultra vires" angesehen werden. Solange wie die DDR nicht diskriminiert wird (wie es der Fall wäre bei einer gegen ihren Willen oktroyierten StA der Bundesrepublik) ist eine Vermittlung der deutschen StA auf der Grundlage des Länder-Modells nicht grundvertragswidrig. In diesem speziellen Fall wäre ein fehlender Konsens der DDR unbeachtlich.

4. Berlin: die unmittelbare deutsche StA

Nach diesem Vorschlag soll in Berlin (West) keine Landesangehörigkeit geschaffen werden, sondern der Zustand, wie er derzeit besteht, belassen werden. Dies bedeutet, daß es in Berlin (West) nur eine deutsche StA gibt. Den Einwohnern Berlins wird damit die Stellung von unmittelbaren deutschen StAn eingeräumt. Somit entspräche die StA der Berliner nach der Systematik der bis 1934 geltenden Fassung des RuStAG der „unmittelbaren Reichsangehörigkeit". Ein Vergleich mit der unmittelbaren Reichsangehörigkeit der Kolonien bietet sich natürlich nicht mehr an, aber es läßt sich an das Recht der USA denken, welches StAn des Bundes wie der Einzelstaaten kennt. In der Regel ist der StAng der USA durch Wohnsitznahme in einem Bundesstaat auch Angehöriger dieses Staates, wie umgekehrt der Bürger des Staates auch US-Bürger ist[61]. Es gibt aber auch Personen, die nur die Bundes-StA ohne die StA eines Einzelstaates besitzen. Neben den Auslandsamerikanern sind es die Einwohner des District of Columbia, der Hauptstadt Washington also, die nur die US-Staatsangehörigkeit besitzen. Der District of Columbia ist kein Staat, folglich kann er auch keine StA gewähren[62].

Eine ähnliche Stellung könnte Berlin einnehmen. Diese Lösung hätte gleichzeitig den Vorteil, der östlichen Dreistaatentheorie entgegenzuwirken, da Berlin in dieser Beziehung Staatsqualität abgesprochen wird. Gleichzeitig bleibt aber die StA der Berliner die gleiche wie die der Einwohner der zehn Bundesländer, die ja eben dieselbe völkerrechtlich bedeutsame deutsche StA besitzen. Damit würde der besonderen Lage Berlins als tatsächlicher „nichtverteilter Rest" des Deutschen Reiches staatsangehörigkeitsrechtlich Rechnung getragen. Berlin würde als Substrat der Vier-Mächte-Verantwortung für ganz Deutschland deutlicher gekennzeichnet, Deutschland würde, um Ermacora zu zitieren, „in Berlin sichtbar gemacht"[63]. Für die Praxis würde diese Lösung, die eine Belassung der derzeitigen rechtlichen Situation für Berlin vorsieht, insofern Vorteile bringen, als sie die Schwierigkeiten, die eine andere Lösung mit sich bringen würde, vermeidet. An dieser Stelle mag nur der Vorschlag einer Übernahme einer bundesdeutschen StA nach Berlin angedeutet werden, die mit dem Veto eines oder mehrerer Signatarstaaten des Viermächte-Abkommens vom 3. 9. 1971 zu rechnen hätte.

5. Das „Länder-Modell" im Lichte des Karlsruher Urteils

Diese Lösung entspricht der ratio legis des RuStAG. Sie würde eine Rückkehr zu der Rechtssituation vor 1934 bedeuten, eine Lage neu begründen, die den nationalsozialistischen Zentralisierungsmaßnahmen zum Opfer gefallen war. Dem Grundgesetz würde sie insofern entsprechen, als Art. 74 Nr. 8 GG ausdrücklich die Möglichkeit von StAn in den Ländern vorsieht. Sie hält sich innerhalb des vom BVerfG im Grundvertragsurteil eng gesteckten Rahmens: auch hier wird — wie beim Commonwealth-Modell — nicht gegen Art. 16, 116 GG verstoßen. Die deutsche StA wird niemandem aberkannt, und der Status des Deutschen wird weder vermindert noch verkürzt. Es werden weiterhin

[61] Im 14. amendment (1868) zur US-Verfassung heißt es: „All persons born or naturalized in the United States, and subject to jurisdiction thereof, are citizens of the United States and of the state wherein they reside ..."

[62] Löwenstein, S. 67 f.; Kansas, S. 274.

[63] Ermacora, Berlin, Relikt der Einheit Deutschlands?, S. 480 ff.

keine Unterschiede zwischen Bürgern der Bundesrepublik und denen der DDR gemacht, jedenfalls keine *weitergehenden* als sie im Zeitpunkt des Urteils bereits existierten. Bereits bestehende Ungleichheiten hat das BVerfG nicht angegriffen. Dieses wird deutlich durch den Satz „Hier gibt es für die Bundesrepublik Deutschland auch künftig keinen rechtlichen Unterschied zwischen den Bürgern der Bundesrepublik Deutschland und den „anderen Deutschen“[64]. Durch die Aufrechterhaltung der deutschen StA ist auch den Auslandsvertretungen der Bundesrepublik eine Handhabe gegeben, DDR-Bürgern Schutz und Fürsorge angedeihen zu lassen, jedenfalls soweit der Drittstaat dies zuläßt. Die Bürger der DDR würden „Deutsche“ bleiben. Damit wäre materiell den Forderungen des BVerfG Rechnung getragen.

Gerade die Einführung von Landesangehörigkeiten kann der möglichen Errichtung einer „bundesrepublikanischen“ StA entgegenwirken. Eine solche würde nämlich die Position der deutschen StA schwächen, wenn nicht zum Fortfall bringen, jedenfalls sofern keine anderweitige vertragliche Vereinbarung mit der DDR wie beispielsweise nach dem Commonwealth-Modell getroffen wird. Eben diese Schwächung wollte das BVerfG verhindern. Nach dem letztgenannten Vorschlag braucht das Grundgesetz nicht geändert zu werden. Es genügt, das RuStAG in einer modernisierten Form der bis 1934 geltenden Fassung anzupassen.

So könnte der § 1 RuStAG lauten:

> „Deutscher ist, wer die Staatsangehörigkeit in einem Bundesstaat der Bundesrepublik Deutschland, in einem anderen deutschen Staat oder die unmittelbare Angehörigkeit besitzt.“

Im folgenden wäre nur die StA im Bundesstaat zu regeln, da der Bundesgesetzgeber keine Jurisdiktion über den Bereich der DDR besitzt. Im dritten Abschnitt wäre die unmittelbare Angehörigkeit zu regeln, die den Einwohnern von Berlin (West) gewährt wird. Es könnte auch daran gedacht werden, sie den Deutschen zu verleihen, die ihren Wohnsitz im Ausland haben.

6. Thesen

1. Nach der jetzigen Lage kann die Institution einer deutschen StA, die auch die Bewohner der DDR umfaßt, nicht aufrechterhalten werden.
2. Die Grundsätze des Bundesverfassungsgerichts lassen sich allenfalls innerhalb der Bundesrepublik durchsetzen.
3. In Drittstaaten hängt die Zulässigkeit der Betreuung von DDR-Bürgern durch die Vertretung der Bundesrepublik von der Duldung

---

[64] BVerfGE 36, 32.

des Gaststaates ab. Selbst im Hinblick auf die westlichen Länder muß auf lange Sicht ein Anknüpfungspunkt für eine derartige Praxis gegeben sein.

4. Dieser kann auf dem Verhandlungswege mit der DDR gewonnen werden, wenn eine Lösung ähnlich dem Commonwealth- oder dem Irischen Modell erreicht wird.

5. Für den Fall, daß eine vertragliche Regelung nicht möglich ist oder nicht gewünscht wird, bietet sich der Ausweg der Errichtung von Landesangehörigkeiten in den zehn westdeutschen Bundesländern an. Durch diese Landesangehörigkeiten wie durch die DDR-Staatsbürgerschaft wird die allen gemeinsame deutsche StA vermittelt, welche nur die Einwohner von Berlin (West) unmittelbar besitzen.

6. Mögliche Unbequemlichkeiten dieser Regelung sind der Preis für die Beibehaltung der gesamtdeutschen Staatsangehörigkeit.

Literaturverzeichnis

Abendroth, Wolfgang: Das Grundgesetz, 3. Auflage Pfullingen 1972

Anschütz, Gerhard: Die Verfassung des Deutschen Reiches v. 11. August 1919, Kommentar 3. Bearb., 13. Aufl. Berlin 1930

Baker, Philip Noel: Le Statut juridique actuel des Dominions Britanniques dans le domaine du droit international, in RdC 19 (1927 IV), S. 250

Bauer, Karl-Heinz: Die deutsche Staatsangehörigkeit in der Bundesrepublik Deutschland und der Deutschen Demokratischen Republik nach dem Grundvertrag, Diss. München 1974

— Die deutsche Staatsangehörigkeit nach dem Grundvertrag, ZRP 1975, S. 96

Beitzke, Günther: Anmerkung zum Urteil des BVerfG v. 9. 11. 1955, in DÖV 1956, S. 24

Berber, Friedrich: Lehrbuch des Völkerrechts, I. Bd.: Allg. Friedensrecht, München 1960

Bericht: Bericht über die gemeinsame Sitzung des Rechts- und Verfassungsausschusses des Königsteiner Kreises am 12. und 13. Januar 1968 in Frankfurt am Main zum Thema: Die rechtliche und politische Tragweite der Staatsbürgerschaftsregelung der DDR und deren Auswirkungen auf den nationalen Zusammenhalt im geteilten Deutschland (hektographiert)

Bertschy, Ruth: Die Schutzmacht im Völkerrecht, Diss. Freiburg (Schweiz) 1952

Bleckmann, Albert: Das französische Kolonialreich und die Gründung neuer Staaten, Köln 1969

Blumenwitz, Dieter: Das neue Staatsbürgerschaftsgesetz der DDR, Jahrbuch für Ostrecht Bd. 8, 1 (1967), S. 175

— Die Deutsche Staatsangehörigkeit und die Konsularverträge der DDR mit Dritten Staaten, Politische Studien Heft 221/1975

— Die Grundlagen eines Friedensvertrages mit Deutschland, Berlin 1966

— Die Unberührtheitsklausel in der Deutschlandpolitik, in Festschrift für Friedrich Berber, München 1973, S. 83

— Rechtliche Probleme bei der Abgrenzung der beiden deutschen Staaten, Jahrbuch für Ostrecht, Bd. 12 I, 1971, S. 7

Böckenförde, Ernst-Wolfgang: Die Teilung Deutschlands und die deutsche Staatsangehörigkeit, in Eppirhosis, Festgabe für Carl Schmitt, Berlin 1968, S. 423

Böhlhoff, Klaus O.: Die gesamtdeutsche Staatsangehörigkeit, Diss. Marburg 1959

Braga, Sevold: Die Eingliederung des Saarlandes, Familienrechtliche, internationalprivatrechtliche und staatsangehörigkeitsrechtliche Fragen, FamRZ 1957, S. 37

Breunig, Günter: Staatsangehörigkeit und Entkolonisierung, Berlin/München 1974

Broelmann, Herbert: Das rechtliche Selbstverständnis der Bundesrepublik Deutschland nach den Ostverträgen, Diss. München 1974

Brownlie, Ian: Principles of Public International Law, 2. Aufl. Oxford 1973

Castro, Federico de: La nationalité, la double nationalité et la supranationalité, RdC 102 (1961) I, S. 515

Cieslar, Eve / *Hampel*, Johannes / *Zeitler*, Franz-Christoph: Der Streit um den Grundvertrag — eine Dokumentation, München 1973

Cogordan, George: La nationalité au point de vue des rapports internationaux, Paris 1879

Dahm, Georg: Lehrbuch des Völkerrechts, Bd. 1 - 3, Stuttgart 1958 - 1961

Engelhardt, Hanns: Die Zusammenarbeit der nordischen Staaten, Archiv des Völkerrechts, Bd. 11 (1964), S. 299

Ermacora, Felix: Berlin, Relikt der Einheit Deutschlands?, in Gedächtnisschrift Hans Peters, Berlin—Heidelberg—New York 1967, S. 480

Faust, Fritz: Das Potsdamer Abkommen und seine völkerrechtliche Bedeutung, 3. Aufl. Frankfurt—Berlin 1964

Fawcett, J. E. S.: The British Commonwealth in International Law, London 1963

Fiedler, Wilfried: Staats- und völkerrechtliche Probleme des Staatsunterganges, Zeitschrift f. Politik 1973, S. 150

Fromme, Friedrich Karl: Ein unzeitgemäßes Berlin-Privileg, FAZ v. 2. 6. 1975

Frowein, Jochen Abr.: Legal Problems of the German Ostpolitik, ICLQ 1974, S. 105

— Viermächteverantwortung für Deutschland, Politik und Kultur 3/4 1975, S. 3

Gelhausen, Walter: Die Bedeutung der Landesangehörigkeit, Diss. Kiel 1925

Goldemund, Ingobert / *Ringhofer*, Kurt / *Theuer*, Karl: Das österreichische Staatsbürgerschaftsrecht, Wien 1969

Grabendorff, Walter: Zur Frage der Auslegung des Art. 36 Bonner Grundgesetz, DÖV 1952, S. 301

Graupner, Rudolf: British Nationality and State Succession, The Law Quarterly Review LXI (1945), S. 161

— Nationality and State Succession, Transactions Grotius Society XXXII (1946), S. 86

Grawert, Rolf: Die Staatsangehörigkeit der Berliner, in: Der Staat 1973, S. 3

— Staat und Staatsangehörigkeit, Berlin 1973

Grossen, Jacques-Michel: Nationalité et Protection Diplomatique, in: Ius et Lex, Festgabe für Max Gutzwiller, Basel 1959, S. 489

Hacker, Jens: Der Rechtsstatus Deutschlands aus der Sicht der DDR, Köln 1974
(zit.: Rechtsstatus)

Hacker, Jens: Im Gestrüpp der Spaltung Bundesrepublik-DDR, FAZ v. 21. 3. 1973

— Will die SED noch ein „sozialistisches Deutschland"? — Vom Wandel des politischen und völkerrechtlichen Selbstverständnisses der DDR —, FAZ v. 9. 1. 1975

Hecker, Hellmuth: Bibliographie zum Staatsangehörigkeitsrecht in Deutschland in Vergangenheit und Gegenwart, Frankfurt/M. 1976

Hegel, Georg Friedrich Wilhelm: Der Staat, herausgegeben v. Paul Alfred Merbach, Leipzig 1924, 106 (Erstausgabe 1801)

Herbig, Gottfried: Staatensukzession und Staatenintegration, Mainz 1968

Heinemann, Gustav: Staatliche Formen deutscher Nation, Politik und Kultur 2/1974, S. 3

Hoffmann, Gerhard: Die deutsche Teilung, Stuttgart 1969

— Die Staatsangehörigkeit in den deutschen Bundesländern, AÖR 81 (1956), S. 300

Ipsen, Knut: Die Staatsangehörigkeit der Bürger West-Berlins, Jahrbuch für Internationales Recht 16 (1973), S. 233

— Die UN-Mitgliedschaft der beiden deutschen Staaten und die deutsche Frage, Politik und Kultur 1/1975, S. 3

Isay, Ernst: Die Staatsangehörigkeit der juristischen Personen, Tübingen 1907

Jellinek, Hansjörg: Der automatische Erwerb und Verlust der Staatsangehörigkeit durch völkerrechtliche Vorgänge, zugleich ein Beitrag zur Lehre von der Staatensukzession, Berlin, Detmold, Köln 1951

Jellinek, Georg: System der subjektiven öffentlichen Rechte, 2. Aufl. Tübingen 1905

Jess, Edmund: Bonner Kommentar, herausgegeben v. Abraham u. a., Hamburg ab 1950

Joseph, Cuthbert: Nationality and Diplomatic Protection — The Commonwealth of Nations, Leyden 1969

Kansas, Sidney: U.S. Immigration, Exclusion and Deportation and Citizenship of the United States of America, 3. Aufl. New York 1948

Kaufmann, Erich: Règles Générales du Droit de la Paix, RdC 54 (1935 IV), S. 313

— Die Staatsangehörigkeit der Österreicher, in: Der Staat in der Rechtsgemeinschaft der Völker (Gesammelte Schriften Bd. II), Göttingen 1960

v. Keller, F. / *Trautmann,* P.: Kommentar zum Reichs- und Staatsangehörigkeitsgesetz v. 22. Juli 1913, München 1914

Kelsen, Hans: The Legal Status of Germany According to the Declaration of Berlin, AJIL 1945 (39), S. 518

Kewenig, Wilhelm: Auf der Suche nach einer neuen Deutschland-Theorie, DÖV 1973, S. 797

— Deutschlands Rechtslage heute, EA 3/74, S. 71

Kimminich, Otto: Das Urteil über die Grundlagen der staatsrechtlichen Konstruktion der Bundesrepublik Deutschland, DVBl 1973, S. 657

— Der Beitritt der Bundesrepublik Deutschland zur Organisation der Vereinten Nationen, Friedenswarte Bd. 57 (1974), S. 9

Kimminich, Otto: Deutschland als Rechtsbegriff und die Anerkennung der DDR, DVBl 1970, S. 437

— Kommentar zum Bonner Grundgesetz, herausgegeben v. Abraham u. a., Hamburg ab 1950

Kirn, Michael: Der Fortbestand des Deutschen Reiches nach 25 Jahren Grundgesetz, ZRP 1974, S. 84

Kirsten, Johannes: Zum völkerrechtlichen Institut der Staatennachfolge, in: Deutschlandfrage und Völkerrecht (Arzinger / Herder / Kirsten / Reintanz), Ost-Berlin 1962, S. 110

Koessler, Maximilian: „Subject", „Citizen", „Permanent Allegiance", Yale Law Journal 56 (1946/47), S. 58

Kosing, Alfred / *Schmidt*, Walter: Nation und Nationalität in der DDR, in: Neues Deutschland v. 15./16. 2. 1975

v. Kreittmayr, Wigulaeus Xaverius: Grundriß des allgemeinen deutschen und bayerischen Staatsrechts, München/Leipzig 1769

Kriele, Martin: Mit dem Karlsruher Urteil läßt sich leben, in: Die Zeit v. 10. 8. 1973

Krüger, Herbert: Bundesrepublik Deutschland und Deutsche Demokratische Republik, Hamburg 1956

Kunz, Josef: Die völkerrechtliche Option, Bd. 1 und 2, Breslau 1925 - 28

Laband, Paul: Das Staatsrecht des Deutschen Reiches, 5. Aufl., Bd. I, Tübingen 1911

Laun, Rudolf: Allgemeine Staatslehre, 9. Aufl., Schloß Bleckede 1964

Lauterpacht, Hersch: The Function of Law in the International Community, Oxford 1933

Leibholz, Günther: Das Verbot der Willkür und des Ermessenmißbrauchs im völkerrechtlichen Verkehr der Staaten, ZaöRV Bd. I Teil 1 (1929), S. 77

Lichter, Matthias / *Hoffmann*, Werner: Staatsangehörigkeitsrecht, 3. Aufl. Köln, Berlin 1967

Loewenstein, Karl: Verfassungsrecht und Verfassungspraxis der Vereinigten Staaten; Berlin, Göttingen, Heidelberg 1959

Ludz, Peter-Christian (wiss. Leitung): DDR-Handbuch, hrsg. vom Bundesministerium für innerdeutsche Beziehungen Köln 1975

MacDonald, Ian: The New Immigration Law, London 1972

Mahnke, Hans Heinrich: Entstehung und Untergang von Staaten, Staatensukzession, in: Völkerrecht in Ost und West, herausgegeben v. Reinhart Maurach und Boris Meissner, Stuttgart 1967, S. 100

— Fragen der Staatensukzession in Deutschland — unter besonderer Berücksichtigung der sowjetzonalen und sowjetischen Völkerrechtspublizistik, Jahrbuch für Ostrecht 6, 2 (1965), S. 65

Makarov, Alexander N.: Allgemeine Lehren des Staatsangehörigkeitsrechts, Stuttgart 1962

— Das Urteil des Internationalen Gerichtshofes im Fall Nottebohm, ZaöRV 16 (1955/56), S. 407

Makarov, Alexander N.: Deutsches Staatsangehörigkeitsrecht, Kommentar, 2. Aufl. Frankfurt 1971

— Die deutsche Staatsangehörigkeit der Österreicher nach 1945, JZ 1954, S. 280

— Das Gesetz über die deutsch-österreichischen Staatsangehörigkeitsfragen, JZ 1956, S. 744

Mampel, Siegfried: Die sozialistische Verfassung der DDR, Kommentar Frankfurt 1972

— Die Verfassung der Sowjetischen Besatzungszone Deutschlands, Frankfurt 1962

v. Mangoldt, Hermann: Das Bonner Grundgesetz, Berlin, Frankfurt 1953

v. Mangoldt, Hermann / *Klein*, Friedrich: Das Bonner Grundgesetz, 2. Aufl. Berlin, Frankfurt 1966

Mann, Frederick Alexander: The Effect of Changes of Sovereignty upon Nationality in: Studies in International Law, Oxford 1973

— Zwangseinbürgerungen und das Völkerrecht, Die Friedenswarte Bd. 53, S. 110

Mansergh, Nicholas: Documents and Speeches on British Commonwealth Affairs 1931 - 1952, London 1953

Marek, Krystyna: Identity and Continuity of States in Public International Law, 2. Aufl. Genf 1968

Maunz, Theodor / *Dürig*, Günter / *Herzog*, Roman: Grundgesetz, Kommentar, München—Berlin, Loseblattsammlung ab 1958

Meessen, Karl Matthias: Das Problem der deutschen Staatsangehörigkeit nach dem Grundvertrag, EA 1973, S. 515

— Die Option der Staatsangehörigkeit, Berlin 1966

— Verfassungsrechtliche Grenzen einer Neuregelung der Staatszugehörigkeit im geteilten Deutschland, JZ 1972, S. 637

Menzel, Eberhard: Verfassungswidrigkeit der Ostverträge von 1970? DÖV 1971, S. 361

Moser, Johann Jacob: Neues Teutsches Staatsrecht, Stuttgart 1766

— Von Deutschland und dessen Staats-Verfassung überhaupt, Stuttgart 1766

Münch, Fritz: Zum Saarvertrag v. 27. 10. 1956, ZaöRV Bd. 18, (1957) S. 1

v. Münch, Ingo: Dokumente des geteilten Deutschlands, Stuttgart 1968 (zit.: Ingo v. Münch, Dokumente)

— Grundgesetz (Kommentar) Bd. 1, Frankfurt 1974 (zit.: Ingo v. Münch, Grundgesetz)

— Die deutsche Staatsangehörigkeit am Scheideweg?, in: Liberal 1975, S. 486

Nawiasky, Hans / *Leusser*, Claus: Die Verfassung des Freistaates Bayern v. 2. Dezember 1946. Handkommentar München 1948

Nawrocki, Joachim: Honeckers innerdeutsche Abgrenzung, in: Die Zeit v. 21. 2. 1975

O'Connell, D. P.: International Law 2. Aufl., London 1970

— State Succession in Municipal Law and International Law, Vol. I: Internal Relations, Cambridge 1967

Oppermann, Thomas: Anmerkung zum Urteil des Bundesverfassungsgerichts über den Grundvertrag; JZ 73, S. 594

— „Deutschland als Ganzes", in: Festschrift für Berber zum 75. Geburtstag, herausgegeben v. Dieter Blumenwitz und Albrecht Randelzhofer, München 1973, S. 377

— Zwei deutsche Staaten oder Sezession der DDR aus dem deutschen Staatsverband? AöR 94 (1969), S. 313

Palyga, Edward: Consular Protection with the Participation of a Third State in Polish Practice, in: Polish Yearbook of International Law Bd. V, 1972/73, S. 265

van Panhuys, H. F.: The Rôle of Nationality in International Law, Leyden 1959

Parry, Clive: Nationality and Citizenship Laws of the Commonwealth and Ireland, London 1957
(zit.: Parry)

— Plural Nationality and Citizenship with Special Reference to the Commonwealth, BYIL 1953, S. 244

Partsch, Karl Josef: Bekämpfung der rassischen Diskriminierung im Rahmen des Schutzes der Menschenrechte, in: Scheuner / Lindemann: Die Vereinten Nationen und die Mitarbeit der Bundesrepublik Deutschland, München 1973

Poetzsch-Heffter, Fritz: Handkommentar der Reichsverfassung, 3. Aufl. Berlin 1928

v. Pufendorf, Samuel: (Severinus de Monzambano): De Statu Imperii Germanici in: Klassiker der Politik, Bd. 3, Berlin 1922

Quadri, Rolando: Diritto Internazionale Pubblico, 4. Aufl. Palermo 1963

Rabl, Kurt: Der gegenwärtige Stand der deutschen Frage im Licht des Karlsruher Urteils und der Folgevereinbarungen zum Deutsch-Deutschen Grundvertrag, ZfP 2/1975, S. 165

Randelzhofer, Albrecht: Völkerrechtliche Aspekte des Heiligen Römischen Reiches nach 1648, Berlin 1967

Rest / Mössner: Der Ireland Act von 1949: Vorbild für Staaten, die einander nicht als Ausland betrachten, ZRP 1970, S. 194

Reuter, Paul: Droit International Public, 1. Aufl. Paris 1958, 2. Aufl. Paris 1973

Riege, Gerhard: Alleinvertretungsanmaßung im Staatsangehörigkeitsrecht, Neue Justiz 1969, S. 21

— Das Staatsbürgerschaftsgesetz der DDR, Staat und Recht 1967, S. 701

— Die Staatsbürgerschaft der DDR, Jena 1964

— Die staatsrechtliche Stellung des Bürgers in der DDR, in: Wiss. Zeitschrift der Friedrich-Schiller-Universität Jena, Gesellschafts- und Sprachwiss. Reihe, 1965, S. 563

— Staatsbürgerschaft und nationale Frage, Staat und Recht 1963, S. 50

— Völkerrechtliche Beziehungen und Staatsbürgerschaft, Deutsche Außenpolitik 2/1974, S. 382

— Zwei Staaten — zwei Staatsbürgerschaften, Ost-Berlin 1967

Riege, Gerhard: Zur Problematik der Staatsangehörigkeit, in: Wiss. Zeitschrift der Friedrich-Schiller-Universität Jena, Gesellschafts- und Sprachwiss. Reihe 1962, S. 295

Röper, Erich: Regelung des Wahlrechtes am Nebenwohnsitz in Bund und Ländern, DÖV 1974, S. 838

Frhr. v. d. Ropp, Klaus: Elfenbeinküste und Conseil de l'Entente, Außenpolitik 1972, S. 117

Ross, Alf: Lehrbuch des Völkerrechts, Stuttgart, Köln 1951

Rumpf, Helmut: Deutschlands Rechtslage seit 1973, ZfP 2/1975, S. 111

— Die deutsche Staatsangehörigkeit nach dem Grundvertrag, ZRP 9/1974, S. 201

— Land ohne Souveränität, 2. Aufl. Karlsruhe 1973

Sammlung: Sammlung geltender Staatsangehörigkeitsgesetze, herausgegeben von der Forschungsstelle für Völkerrecht und ausländisches öffentliches Recht der Universität Hamburg
(zit.: Sammlung mit Band und Nr.)

Schätzel, Walter: Das deutsche Staatsangehörigkeitsrecht, 2. Aufl. Berlin 1958

— Der Staatsangehörigkeitswechsel bei Gebietsveränderungen, Zeitschrift für Völkerrecht XII (1923), S. 86

— Staatsangehörigkeit, in: Die Grundrechte, Handbuch der Theorie und Praxis der Grundrechte, herausgegeben von Neumann / Nipperdey / Scheuner, Bd. II Berlin 1954, S. 535

— Der heutige Stand des deutschen Staatsangehörigkeitsrechts, AöR Bd. 74 (1948), S. 273

— Zur Regelung der deutsch-österreichischen Staatsangehörigkeitsfragen, DÖV 1956, S. 517

Scheuner, Ulrich: Die staatsrechtliche Stellung der Bundesrepublik — Zum Karlsruher Urteil über den Grundvertrag, DÖV 1973, S. 581

Schleser, Walter: Die deutsche Staatsangehörigkeit, ein Leitfaden, 2. Aufl. Bonn 1975

Schröder, Dieter: Die völkerrechtliche Wirkung des Gesetzes über die Staatsbürgerschaft der DDR, Recht in Ost und West 1967, S. 233

Schulz - Schaeffer, Helmut: Die Ostverträge von 1970 und das Grundgesetz, Hamburg 1972

Seeler, Hans-Joachim: Die Staatsangehörigkeit der Volksdeutschen, Frankfurt 1960

Sereni, Angelo Piero: Diritto Internazionale, Milano 1958

Simma, Bruno: Der Grundvertrag und das Recht der völkerrechtlichen Verträge, AöR 1/1975, S. 4

Sonn, Peter: Die auswärtige Gewalt des Gliedstaates im Bundesstaat — eine Untersuchung auf der Grundlage der bundesstaatlichen Verfassungen in Europa —, Kiel 1960 (hektographierte Veröffentlichung des Institutes für Internationales Recht an der Universität Kiel Nr. 3)

Sorgenicht, Klaus / *Weichelt*, Wolfgang / *Riemann*, Tord / *Semler*, Hans-Joachim: Verfassung der Deutschen Demokratischen Republik, Ost-Berlin 1969

Stödter, Rolf: Deutschlands Rechtslage, Hamburg 1948

Frhr. v. Stralenheim, Henning: Die Auslegung und Durchführung des Art. 36 GG; DÖV 1951, S. 628

Strebel, Helmut: Das Österreichergesetz vom Blickpunkt des Völkerrechts ZaöRV Bd. 19 (1959), S. 483

Strupp, Karl: Wörterbuch des Völkerrechts und der Diplomatie, 3 Bde. Berlin 1924 - 29

Strupp, Karl / *Schlochauer,* Hans-Jürgen: Wörterbuch des Völkerrechts, 3 Bände Berlin 1960 - 1962

Symposion: Ostverträge — Berlin Status — Münchener Abkommen — Beziehungen zwischen der BRD und der DDR. Vorträge und Diskussionen eines Symposions vom März 1971 (Veröffentlichungen des Instituts für internationales Recht an der Universität Kiel Bd. 66), Hamburg 1971

Taumann: Anmerkung zum Urteil des BVerfG v. 9. 11. 1955, in BayVerBl 1956, S. 83

Teppert, Friedrich: Die Rechtsstellung der Deutschen ohne die deutsche Staatsangehörigkeit im Sinne des Art. 116 I GG, Diss. München 1969

Tiemann, Burkhard: Zur Rechtsverbindlichkeit von Staatsangehörigkeitsakten der DDR für die Bundesrepublik, DÖV 1972, S. 74

Tiessen, Hans-Jakob: Deutsche Staatsangehörigkeit und „innerdeutsche" Grenze vor dem Hintergrund des veränderten Karlsruher Deutschlandmodells, Deutschland-Archiv 1975, S. 52

Tomuschat, Christian: Auswärtige Gewalt und verfassungsgerichtliche Kontrolle — einige Bemerkungen zum Verfahren über den Grundvertrag —, DÖV 1973, S. 801

— EWG und DDR — völkerrechtliche Überlegungen zum Sonderstatus des Außenseiters einer Wirtschaftsunion, Europa-Recht 4/1969, S. 298

Tschira, Oskar: Bayerische Landesangehörigkeit? Bayerische Verwaltungsblätter 1955, S. 261

Verdross, Alfred: Völkerrecht, 5. Aufl. Wien 1964

Virally, Michel: Die internationale Verwaltung Deutschlands, Baden-Baden 1948

Waehler, Jan Peter: Das neue Staatsbürgerschaftsgesetz der DDR, JZ 1968, S. 776

Weis, Paul: Nationality and Statelessness, in: International Law, London 1956

Wengler, Wilhelm: Betrachtungen zum Begriff der Staatsangehörigkeit, in: Festschrift für Schätzel, Düsseldorf 1960, S. 545

— Das neue britische Staatsangehörigkeitsrecht, AöR 75 (1949), S. 26

— Deutschland als Rechtsbegriff, in: Vom Bonner Grundgesetz zur gesamtdeutschen Verfassung, Festschrift für Nawiasky, München 1956

— Völkerrecht Bd. I und II, Berlin 1964

Wilke, Kay-Michael: Bundesrepublik Deutschland und Deutsche Demokratische Republik. Grundlagen und ausgewählte Probleme des gegenseitigen Verhältnisses der beiden deutschen Staaten, Berlin 1976

Wittmann, Fritz: Rechtsfragen zum Staatsbürgergesetz, Bayerische Verwaltungsblätter 1967, S. 223

Wünsche, Harry / *Pahl*, G.: Zu einigen Fragen der Staatennachfolge und ihrer Bedeutung für die Deutsche Demokratische Republik, in: Deutsche Akademie für Staats- und Rechtswissenschaft „Walter Ulbricht", Wiss. Zeitschrift Sondernummer zum 40. Jahrestag der Großen Sozialistischen Oktoberrevolution.

Zemanek, Karl: State Succession after Decolonization, RdC 116 (1965 III), S. 187

Zieger, Gottfried: Das Staatsbürgerschaftsgesetz der DDR, Frankfurt - Berlin 1969

— Deutsche Staatsangehörigkeit heute, Politik und Kultur 1/1974, S. 43

— Die Staatsangehörigkeit im geteilten Deutschland, Hannover 1971

— Zwei Staaten in Deutschland; eine Betrachtung zur Rechtslage Deutschlands nach dem Grundvertrag, in: Im Dienst an Recht und Staat, Festschrift für Werner Weber, herausgegeben v. H. Schneider und V. Götz Berlin 1974

Kolibri 360 GmbH
Ferdinand-Jühlke-Straße 7
99095 Erfurt, Deutschland
produktsicherheit@kolibri360.de

Druck:
CPI Druckdienstleistungen GmbH
im Auftrag der
Kolibri 360 GmbH
Ferdinand-Jühlke-Str. 7
99095 Erfurt